中国语情与社会发展研究中心
中国语情档案丛书
总主编 赵世举

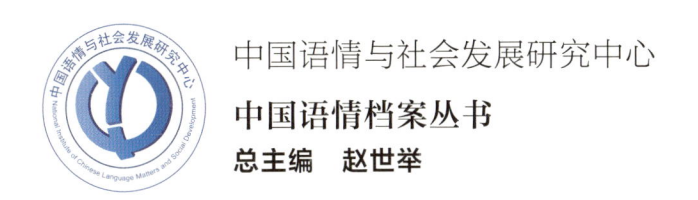

中国语情年报

ZHONGGUO YUQING NIANBAO

（2024）

赫 琳 主编

社会科学文献出版社
SOCIAL SCIENCES ACADEMIC PRESS (CHINA)

中国语情档案丛书
编委会

主编单位　武汉大学中国语情与社会发展研究中心

总 主 编　赵世举

本卷主编　赫　琳

本卷编委　赵悦杉　苏冰晶　谢羽芊　成昜彬惠　费雨晴　白　慧

目录

序 …………………………………………………………………………… 001

语言使用动态

一　年度字词盘点 ………………………………………………………… 003
二　汉字的使用与传播 …………………………………………………… 007
三　语言治理和语言规范 ………………………………………………… 014
四　地名使用动态 ………………………………………………………… 028

语言科技前沿

一　大语言模型 …………………………………………………………… 043
二　语言智能应用 ………………………………………………………… 054

语言服务

一　行业语言服务 ………………………………………………………… 069
二　无障碍语言服务 ……………………………………………………… 075
三　语言服务人才培养 …………………………………………………… 083

语言教育和国家通用语言文字推广

一　语文教育……………………………………………………………089
二　外语教育……………………………………………………………095
三　国家通用语言文字推广……………………………………………100

语言资源保护

一　汉语方言的使用……………………………………………………115
二　民族语言的使用……………………………………………………123
三　汉语方言和民族语言保护…………………………………………125
四　语言文化传承………………………………………………………138

中国语言文化国际传播

一　国际中文教育………………………………………………………147
二　中国语言文化在海外………………………………………………179

语言学术活动

一　国际会议……………………………………………………………187
二　全国性会议…………………………………………………………189
三　区域性会议…………………………………………………………191

序

2024年是新中国成立75周年，也是谋定进一步全面深化改革总目标的关键一年。不凡的历史节点，"中国号"巨轮如何乘风破浪、扬帆远航，成为全球瞩目的焦点。

这一年，科技赋能语言生活，中国式现代化稳步向前。我国自主研发的第三代超导量子计算机"本源悟空"正式投入使用，自上线以来，短短三个月内便吸引了来自全球117个国家的511万人次远程访问，彰显了我国科技的国际影响力。阿里巴巴集团推出"通义千问"模型，为巴黎奥运会的赛事解说提供有力的技术支撑，让世界得以见证奥运健儿的飒爽英姿。人工智能翻译技术的持续进步，助力网络文学"一键出海"。一项项新技术激荡产业发展新格局，一条条新赛道培育竞争新优势。

这一年，经济复苏态势良好，高质量发展势头强劲。年初，国家广电总局发布《关于开展"跟着微短剧去旅行"创作计划的通知》，激发各地作品展现语言文化的独特魅力，为旅游业注入强劲动力。冬季到来，简洁而亲切的"尔滨"以其冰雪盛事迎接来自世界各地的游客。国产首款大型3A游戏《黑神话：悟空》火爆出圈，不仅展示了中华文化的深厚底蕴，也为中华文化出口开辟了新的道路。

这一年，多措并举助力语言文化建设。从净化网络语言环境到拓展国际中文教育，全方位筑牢语言文化传承与发展的根基。中央网信办部署开展"清朗·规范网络语言文字使用"专项行动，集中整治网上国家通用语言文字不规范使用乱象，营造清朗网络空间。中国国家智慧教育公共服务平台国际版上线780门课程，支持6种语言，为全球学习者打造了便捷的学习新空间，极大促进了教育资源的全球共享。一项项新举措推动了语言规范化和教育国际化，为中国式现代化注入了文化自信与开放智慧。

语言使用动态

2024年,我国语言生活多姿多彩,展现出蓬勃的生命力。

年度汉字、热词、流行语彰显时代特色,记录社会发展。"智""新质生产力""变""人工智能"等分别当选年度国内字、国内词、国际字、国际词,中国于变局中开创新局,追新逐质,智创未来;2024年度十大流行语、十大热词、十大新词语揭晓,聚焦年度热点,引发全民讨论;"交流"当选"中日韩精神——2024年度汉字",立足三国共同文化价值,促进民心相通;"争"字当选2024海峡两岸年度汉字,反映民意所盼;"惠"字等9个汉字成为2024"一带一路"年度汉字候选,展现新时代"海丝"精神;香港举办年度汉字评选,"稳"和"变"承载稳中求变的含义。

源远流长,历久弥新,汉字在各行各业展现活力,进一步提升文化传播与影响力。"品味"汉字之美、"做汉字的传人"等活动亮相北京图博会;汉仪字库亮相Open M Art Fair艺术展,用艺术重塑汉字边界;《本义国标字典》加入腾讯"汉字守护计划",为腾讯搜狗输入法提供超过 8 万条汉字注音数据;全国人大代表提议设立"华夏文字节"弘扬汉字文化。

语言污染问题时有发生,语言规章制度相继出台以促进汉字的规范使用。中央网信办部署开展 2024 年"清朗"系列专项行动,规范网络语言文字使用;广州制定地方性法规规范公共场所外语标识;应急避难场所术语、标志等新国标发布;新一代实时语音编码行业标准公示;有声读物领域首个国家标准正式发布;西安发布建筑物命名更名新规;泉州出台《住宅区、楼宇命名或更名办事指南》。全国政协会议期间有许多语言文字相关提案,聚焦语言生活,如建议出台药品说明书"大字版""简化版"国家标准、治理损害文化经典权威性的网络信息内容等。

一方水土,一方文化,地名问题受到广泛关注。一方面,地名相关规范逐步出台,民政部公布《地名管理条例实施办法》,北京市实施地方标准《地名规划编制标准》,河南印发《老地名保护管理办法》,雄安新区首次出台地名领域地方标准,北海市出台方案全面提升乡村地名建设水平,青海清理整治不规范地名 1000 余条;另一方面,"乡村著名行动"广泛开展,重庆、湖南、安徽、黑龙江、内蒙古等地相继制订地名助力乡村振兴工作方案,挖掘地名文化价值,为乡村振兴赋能增效。

一　年度字词盘点

"交流"当选"中日韩精神——2024年度汉字"

据中国新闻网1月1日报道[①]，为庆祝中日韩合作25周年，中日韩合作秘书处宣布"交流"当选"中日韩精神——2024年度汉字"。从2023年11月15日至12月20日，该机构发起了公开投票活动，邀请三国民众在12组候选汉字词中投票。此次活动共收到1万余张选票，较2023年增长10倍左右。"交流"获最多支持，"友好"和"尊重"紧随其后，体现了中日韩三国人民对友好合作的期望。

2024龙年指导性年度汉字发布　"家"字当选

据中国科学网消息[②]，2023年12月22日上午10点30分，2024龙年指导性年度汉字在郑州黄河人文馆正式揭晓，"家"字顺利当选。这次发布充分运用和借鉴天文历法、经济周期、时尚流行与文字学等多个领域的研究成果，充分展现了中国的文化自信。

人民网推出2024年全国两会热词调查

据人民网报道[③]，2024年全国两会热词调查于2月5日正式启动。用户可以通过人民网官网、"人民网+"客户端、人民网微博与微信公众号及"学习大国"微信公众号等多个平台参与调查问卷填写，选出最关切的热词。为确保调研内容全面且客观，人民网特邀专家学者参与讨论，共设置49个候选热词。

[①] 刘旭：《"交流"当选"中日韩精神——2024年度汉字"》，中国新闻网，https://www.chinanews.com.cn/gj/2024/01-01/10138749.shtml。
[②] 田瑞颖：《2024龙年指导性年度汉字"家"发布》，科学网，https://news.sciencenet.cn/htmlnews/2024/1/515393.shtm。
[③] 黄子娟：《人民网推出2024年全国两会调查 十大热词等您选出》，人民网，http://politics.people.com.cn/n1/2024/0205/c1001-40173833.html。

2024"一带一路"年度候选汉字出炉 包括"惠""联""畅"等9个汉字

据新华社报道①，6月25日，中国公共关系协会和泉州市人民政府共同主办了2024"一带一路"年度汉字发布活动，"惠、联、畅、坚、文、稳、开、友、成"成为候选汉字。下一步，中国公共关系协会将收集公众反馈以选出年度汉字，最终结果于7月26日在福建泉州公布。

《咬文嚼字》编辑部发布年度十大流行语

据安徽网报道②，12月2日，《咬文嚼字》编辑部公布了2024年十大流行语，包括"数智化""智能向善""未来产业""city不city""硬控""水灵灵地×××""班味""松弛感""银发力量""小孩哥/小孩姐"。《咬文嚼字》主编黄安靖指出，评选依据语言的"社会学价值"和"语言学价值"，2024年的流行语反映了鲜明的时代特征。

"争"字当选2024海峡两岸年度汉字

据《人民日报·海外版》报道③，12月5日，在台北举行的2024海峡两岸年度汉字评选活动中，"争"字当选。该活动自11月4日开展以来，邀请了两岸知名人士推荐代表字，并于11月18日至12月4日举行网络票选。其中，"争"字由中国国民党前主席、中华青雁和平教育基金会董事长洪秀柱提出，以1009124票成功当选。

"汉语盘点2024"活动揭晓年度热门字词

据中国新闻网12月9日报道④，由国家语言资源监测与研究中心、商务印书馆等联合举办的"汉语盘点2024"活动于日前发布了各组前五名字词。国内字词有"融、智、新、安、稳"和"新质生产力、《黑神话：悟空》、班味儿、低空经济、数字化转型"；国际字词有"选、战、变、荡、核"和"巴黎奥运会、全球南方、无人机、人工智能（AI）、大语言模型（LLM）"。

---

① 王子铭：《"惠""联""畅"等9字入选2024"一带一路"年度候选汉字》，中国一带一路网，https://www.yidaiyilu.gov.cn/p/00ANK2AK.html。
② 毛渝川、任宏伟：《2024年十大流行语出炉!》，安徽网，http://www.ahwang.cn/newsflash/20241202/2781434.html。
③ 程龙：《"争"字当选2024海峡两岸年度汉字》，《人民日报·海外版》2024年12月6日。
④ 应妮：《"汉语盘点2024"前五字词出炉 融、智、选、新质生产力等入围》，中国新闻网，https://www.chinanews.com.cn/cul/2024/12-09/10333424.shtml。

第 11 届"香港年度汉字评选"活动投票启动

据环球网报道①，12 月 9 日，香港民主建港协进联盟宣布第 11 届"香港年度汉字评选"活动投票启动，包括"人""爱""稳""变""教""庆""旅""乐""创"和"民"等 10 个候选字。这些汉字各自承载特定含义，"稳"代表安全稳定，"变"则体现香港面对内外环境变化应识变、求变。投票结果预计在 2025 年 1 月 9 日揭晓。

《语言文字周报》编辑部发布 2024 年度"十大网络流行语"

据《新民晚报》报道②，12 月 12 日上午，《语言文字周报》编辑部在上海召开新闻发布会，正式发布了 2024 年度"十大网络流行语"榜单。《语言文字周报》执行主编杨林成介绍，共有 33 个词条进入票选，网络海选阶段吸引了超过 2 万名读者投票，结合专家评议，最终推出 2024 年度"十大网络流行语"榜单。

2024 年度中国媒体十大新词语发布

据中国新闻网报道③，12 月 16 日发布的"2024 年度中国媒体十大新词语"包括超长期特别国债、"两新"、一揽子增量政策、青年夜校、民营经济促进法、未来峰会、本源悟空、班味儿、伏羲一号和硬控。

华侨华人用"字"总结 2024

年末用一个汉字概括当年的社会状况已成为汉字文化圈的传统。中国新闻网 12 月 21 日报道指出④，新加坡用"灾"字形容该国民众对 2024 年的印象，"财"和"选"列居其后。马来西亚选择了代表上升的"升"。日本则选择"金"作为年度汉字。

《新周刊》揭晓 2024 年度汉字"替"

据《新京报》12 月 21 日报道⑤，《新周刊》自 2012 年起持续举行年度汉字评选活

---

① 叶蓝：《香港年度汉字评选，十字入围》，环球网，https://china.huanqiu.com/article/4KbemtLdyUQ。
② 王蔚：《"年度的纪念邮票"！2024 年度"十大网络流行语"发布》，《新民晚报》2024 年 12 月 12 日。
③ 应妮：《青年夜校等入选 2024 年度中国媒体十大新词语》，中国新闻网，https://www.chinanews.com.cn/sh/2024/12-16/10337234.shtml。
④ 韩辉：《"字"述 2024 年 华侨华人寄望美好愿景》，中国新闻网，https://www.chinanews.com.cn/hr/2024/12-21/10340148.shtml。
⑤ 何安安：《〈新周刊〉"2024 中国年度新锐榜"发布，年度汉字现场揭晓》，《新京报》2024 年 12 月 21 日。

动，2024年入围的候选字包括"淡""松""智""预""替"，最终"替"字当选年度汉字。"替"字有多重含义：人工智能技术加速渗透多个领域，人力岗位面临被取代的风险；在消费领域，年轻群体正以平价商品替代奢侈品，"性价比优先"成为新型消费群体的价值准则。

B站年度弹幕"接"发布 累计发送超576万次

据《文学报》官方澎湃号12月21日消息[①]，B站联合中国文物交流中心、中国文字博物馆发布2024年度弹幕"接"，该弹幕累计发送超576万次。"接"常用于迎接美好事物的场景，如入职、升职、表白成功时，用户会发送"接"字弹幕，寓意沾好运。

---

① 《一周文艺：郎朗与苏童跨界对谈，"汉语盘点2024"出炉，年度弹幕为什么是"接"》，澎湃新闻，https://www.thepaper.cn/newsDetail_forward_29660635。

二 汉字的使用与传播

《本义国标字典》加入腾讯"汉字守护计划"

据中国日报网 1 月 30 日报道①,《本义国标字典》已加入腾讯的"汉字守护计划",为搜狗输入法提供了超 8 万条汉字注音数据。该字典是目前国内收录汉字注音数量最多的字典,由多位权威专家指导编写。

生僻字"龘"走红网络

据中国新闻网 2 月 6 日消息②,随着农历龙年到来,"龘"字成为热门生僻字,出现在春晚主题和新春祝福语中,引发民众关注。中国文字博物馆馆长黄德宽表示,"龘"字虽未在历史上广泛使用,但今人将其重新挖掘出来并赋予了新的意义。这些生僻字虽有一定的积极意义,但日常使用的可能性不大,应适可而止。

"龙"的英译应为"loong"而不是"dragon"

据光明网报道③,2 月 8 日晚,话题"龙不再翻译为 dragon 而是 loong"冲上热搜榜第一。目前中小学教材多将"龙"译为"dragon",但随着龙年的临近,"loong"逐渐被更多人接受。支持者认为,"赛龙舟"若译为"dragon boat racing",易被误解,影响文化形象,而"loong"更能体现文化内涵。成都大学教师蒋雨表示,翻译应视语境而定,随着中西文化交流,外国人已逐渐理解中国龙的文化地位。

---

① 《本义国标字典加入腾讯"汉字守护计划",用户使用搜狗拼音键盘即可输入超 8 万汉字》,中国日报网,http://ex.chinadaily.com.cn/exchange/partners/82/rss/channel/cn/columns/sz8srm/stories/WS65b86284a31026469ab16c1d.html。
② 应妮:《龙行龘龘、前程朤朤,为何生僻字热起来了?》,中国新闻网,https://www.chinanews.com.cn/cul/2024/02-06/10160248.shtml。
③ 《热搜第一!龙不再翻译为 dragon 而是 loong?》,光明网,https://m.gmw.cn/2024-02/09/content_1303657466.htm。

在线复健拯救"文字失语症"

据《广州日报》报道①,一项调查显示,超半数受访青年感觉语言表达能力下降,47.1%的人认为词汇量匮乏。为改善这一状况,有人主张通过阅读纸质书等"离线"方式提升表达能力,但在线复健同样重要。例如,豆瓣"文字失语互助小组"集结30多万名成员,通过丰富表达网络热梗实现复健。社会层面也应利用网络媒介,进行正向引导。

全国政协委员董希源建议规范汉字书法字库

据中国网3月6日消息②,全国政协委员董希源在提案中指出,当前媒体和电子出版物中存在大量不规范书法字体,影响汉字标准化普及和中华文化对外传播。他建议有关部门督促主流媒体清理不规范字体;组织书法名家和专家检索字库,推广具有传统美感的书法字体,倡导规范使用汉字。同时,各省级区域应规范本省卫视汉字使用;相关部委举办宣传活动,推动汉字使用环境规范化;中国书法协会组织"纠错组"开展活动,净化书法字库。

全国人大代表何毓灵提议设"华夏文字节"弘扬汉字文化

据人民论坛网3月7日消息③,全国人大代表何毓灵建议设立"华夏文字节"以弘扬汉字文化。自2019年起,在中国殷商文化学会支持下,洛阳等25座国内城市及7个海外城市以"甲骨文明"为主题,每年举办"华夏文字节"系列活动。何毓灵提议将"华夏文字节"定在每年谷雨时节,并由文化和旅游部、民政部等部门联合落实,以增强文化自信,推动中华优秀传统文化传承。

数字技术助力甲骨文焕新

据中国新闻网3月23日消息④,河南安阳将启动"全球甲骨文数字焕活计划",利用数字技术让甲骨文重焕生机。河南安阳师范学院甲骨文信息处理教育部重点实验室

---

① 刘硕:《在线复健拯救"文字失语症"》,《广州日报》2024年2月28日。
② 董宁:《全国政协委员董希源:建议进一步净化、规范使用汉字书法字库》,中国网,http://mtw.so/5Ggofh。
③ 魏飞:《全国人大代表何毓灵:国家设立"华夏文字节"弘扬汉字文化》,人民论坛网,http://www.rmlt.com.cn/2024/0307/696919.shtml。
④ 王宇:《数字焕活助力甲骨文破译》,中国新闻网,https://www.chinanews.com.cn/cul/2024/03-23/10185580.shtml。

打造了"殷契文渊"网站,能够实现甲骨文字形识别和快速检索。该网站于2019年向全球开放,目前收录甲骨著录153种、图像23.9万余幅、论著3.3万余种,为甲骨文研究提供强大支持。

讲好甲骨文"今天的故事"

据《河南日报》4月25日报道①,河南安阳通过甲骨文书屋、文化体验活动和文博研学等方式,让甲骨文走进现代生活。"95后"女孩李右溪用短视频讲述甲骨文,收获80多万粉丝。近些年来,河南不断拓展中华文明探源工程,推动甲骨文保护整理与文创开发,将殷墟甲骨文打造成中华文化新地标和中原文旅新名片。

"中华汉字文化日历"在深圳文博会发布

据大众报业·齐鲁壹点报道②,5月26日,第二十届深圳文博会期间,启源盛德文化产业(山东)发展有限公司在深圳国际会展中心举办新品发布会,推出"中华汉字文化日历"。该产品包含文创日历、非遗手作教材、线上乐学活动及线下文化体验沙龙等,以汉字文化为主线,以二十四节气变化为时间轴,结合民俗故事和非遗手作,通过寓教于乐的方式,提升大众对中华优秀传统文化的感知力和认同感。

系列汉字活动亮相北京图博会

据中国新闻网6月23日消息③,第三十届北京国际图书博览会期间,"做汉字的传人——开启汉字美立方主题阅读空间"和"咬文嚼字汉字烧"等活动分别举办,为小朋友们带来汉字"盛宴"。当天,北京出版集团十月分公司副总经理张晓莉介绍了《汉字美立方:跟甲骨文一起做游戏》系列绘本,该书以甲骨文起源为线索,融入二十四节气、典籍故事和古诗文,展现了中国传统文化对现代生活的影响。

"新时代汉字字体研究与创新设计"项目在中央美术学院开班

据新华网客户端6月25日消息④,2024年度国家艺术基金资助项目"新时代汉字

---

① 于晴:《讲好甲骨文"今天的故事"》,《河南日报》2024年4月25日。
② 《中华汉字文化日历发布会在深圳举办》,大众报业·齐鲁壹点,http://m.qlwb.com.cn/detail/23951713.html。
③ 高凯:《"品味"汉字之美 "做汉字的传人"等活动亮相北京图博会》,中国新闻网,http://www.chinanews.com.cn/cul/2024/06-23/10239067.shtml。
④ 《〈新时代汉字字体研究与创新设计〉项目在中央美术学院开班》,新华网客户端,https://app.xinhuanet.com/news/article.html?articleId=86b41126760bd3a0e219eb0eca95fd1d&timestamp=52907。

字体研究与创新设计"在中央美术学院举行开班仪式。汉字不仅是设计文化的核心，也蕴含设计方法的本质。从 2008 年北京奥运的金文符号到 2022 年冬奥会的艺术字体，现代设计为传统书法带来新机遇。

汉仪字库亮相艺术展 探索汉字艺术新边界

据北京商报网报道①，6 月 13 日至 16 日，"打开——Open M Art Fair"第二站正式举办，由 abC、北京坊、北京劝业场文化艺术中心联合主办。此次展览以"M"为主题，探索观念与材料的碰撞。汉仪字库作为字体支持单位，参与了"2024 字体未来观察"讲座、"文字热缩力"工作坊和"汉仪鸟文"互动展等多个环节，展示了文字设计的艺术魅力。

"行走河南·读懂中国字"活动启动 推广殷墟甲骨文文化

据人民网 7 月 1 日报道②，"行走河南·读懂中国字"殷墟甲骨文中华文化新地标宣传推广活动在安阳殷墟博物馆新馆启动。本次活动以"殷墟甲骨文"为核心元素，通过多元互动的文化旅游活动，全景式展现商代历史与甲骨文魅力。现场还发布了精品旅游线路，串联安阳、南乐、漯河等多地，深度传播河南文化。

《古汉语常用字字典》新版助力传统文化传承

新华网 7 月 6 日报道③，《古汉语常用字字典》在编纂 50 周年之际推出第 6 版，详解 8000 多个古汉语常用字，进一步提升科学性和实用性。同时，商务印书馆与四川教育出版社合作出版了《中国古代文化常识辞典》，突出文化性和故事性，帮助读者全面了解古代文化知识，推动中华优秀传统文化的传承。

郑州地铁甲骨文标语走红网络

据中青在线 7 月 12 日报道④，河南郑州地铁 4 号线会展中心站内，站台屏蔽门上

---

① 《汉仪字库亮相 Open M Art Fair 艺术展，艺术重塑汉字边界》，北京商报网，https://www.bbtnews.com.cn/2024/0628/520041.shtml。
② 肖懿木：《"行走河南·读懂中国字"殷墟甲骨文中华文化新地标宣传推广活动启动》，人民网，http://henan.people.com.cn/n2/2024/0701/c351638-40897622.html。
③ 史竞男：《传承中华优秀传统文化〈古汉语常用字字典〉推出新版》，新华网，http://bj.news.cn/20240706/f1bd06dc1dab4c36b8c65b65079f3b67/c.html。
④ 《郑州地铁站标语配"甲骨文翻译"走红》，中青在线，http://news.cyol.com/gb/articles/2024-07/12/content_0zjN6XhvQB.html。

的"先下后上文明乘车"标语下方配有甲骨文翻译，站内天花板和展板也装饰有甲骨文。这一创意设计让乘客感受到浓厚的历史底蕴，一度走红网络。

"学习强国"文博基地在河南安阳中国文字博物馆揭牌

据《中国新闻出版广电报》报道[①]，8月6日，"学习强国"全国首家文博基地在河南安阳中国文字博物馆正式揭牌。"学习强国"平台长期致力于汉字文化传播。此次合作旨在将平台的宣传和技术优势与博物馆的社教功能相结合，实现线上线下融合，让公众更好地领略汉字文化的魅力，增强对中华文明的认识。

世界现存最早汉文活字印本入藏杭州国家版本馆

据中国新闻网报道[②]，8月8日，杭州国家版本馆举行2024年度版本捐赠入藏大会。西夏中后期的汉文活字印本入藏该馆，这是世界现存最早的汉文活字印本。此前，汉文活字印本最早只能追溯到明代，此次发现将活字印刷术的历史向前推了三百余年，对研究中国四大发明具有重要意义。

北京中小学开展中轴线汉字文化活动

据《北京日报》报道[③]，8月15日，北京市启动2024年"雅言传承文明 经典浸润人生"语言文字系列活动。之后两个月，北京市中小学校和中等职业学校陆续开展北京中轴线上的汉字故事征集、好书推荐和书写作品征集等活动。各校邀请学生和家长围绕中轴线的历史建筑和文化遗迹，寻找古迹汉字，讲述相关故事，提升学生的语言素养和综合素质。

内蒙古举行汉字听写大赛 360名学生同台竞技

据《北方新报》报道[④]，8月17日，内蒙古自治区原民族语言授课学校中小学生汉字听写大赛和作文比赛在兴安盟开赛，全区12个盟市的360名学生参赛。大赛设计了"小试牛刀""点字成诗""字正腔圆""眼疾手快""狭路相逢"等五大环节，考查选手对汉字字形、成语典故和古诗词的理解与运用。经过激烈角逐，各组别评选出

---

① 吴明娟：《"学习强国"全国首家文博基地揭牌》，《中国新闻出版广电报》2024年8月8日。
② 鲍梦妮：《世界现存最早汉文活字印本实物入藏杭州国家版本馆》，中国新闻网，https://www.chinanews.com.cn/cul/2024/08-08/10265879.shtml。
③ 李祺瑶：《中小学开讲中轴线上的汉字》，《北京日报》2024年8月16日。
④ 王树天：《汉字听写大赛：360名学生同台竞技》，《北方新报》2024年8月20日。

团体奖和个人奖，还有 36 名优秀指导教师也获表彰。

上海辞书出版社汉语辞典总汇在欧洲上线

据上观新闻报道①，9 月 5 日，上海辞书出版社授权的汉语辞典总汇在德国柏林国立图书馆举办的第四十四届欧洲汉学图书馆员协会年会上正式上线。该平台由海德堡大学汉学博士生田若梁研发，汇聚众多优质中文辞书，其中《汉语大词典》（第一版+订补）成为核心亮点之一。

2024"汉字缘"国际故事大会决赛在成都落幕

据国际在线报道②，9 月 10 日，2024"汉字缘"国际故事大会决赛在四川成都圆满落幕。本次活动由中国人民对外友好协会主办，以"信"为主题，旨在传递中华文化核心价值观，凝聚全球合作共识，弘扬人类命运共同体理念。

中国善琏汉字艺术研究院成都美育分院成立

据封面新闻报道③，10 月 21 日，中国善琏汉字艺术研究院成都美育分院在四川省文化馆艺术空间成立。该研究院一直专注于汉字艺术的发掘、整理、研究、创作、教育和国际传播。此次成都分院的设立，将借助当地丰富的文化与教育资源，进一步推动汉字艺术的深入研究与推广。

2025 年春晚主题"巳巳如意"彰显汉字文化

据大象新闻消息④，11 月 29 日，中央广播电视总台发布 2025 年春节联欢晚会主题"巳巳如意，生生不息"。其中，"巳"字象征阳气上升、阴气收藏，万物繁荣。"巳"字对称排列形似如意纹样，寓意事事如意。这一创意展现了汉字的魅力与中华文化的深厚底蕴，也提醒人们尤其是广大青少年，在信息时代积极学习，提升文字应用和审美能力。

---

① 《上海辞书出版社授权产品汉语辞典总汇在欧洲上线，〈汉语大词典〉成亮点！》，上观新闻，https://sghexport.shobserver.com/html/baijiahao/2024/09/08/1418934.html。
② 杨雯涵：《2024"汉字缘"国际故事大会决赛在四川成都圆满落幕》，国际在线，https://sc.cri.cn/n/20240911/1bd51349-d1c5-1829-dd8a-a57d41226c60.html。
③ 易弋力：《互联网时代，推广传承汉字艺术成重要课题》，封面新闻，https://www.thecover.cn/news/Pmi0u9evKtCH90qSdq8Jkw==。
④ 王智华：《央视发布 2025 春晚主题，网友不同解释展现汉字绝妙组合》，大象新闻，https://www.hntv.tv/yc/article/1/1862428465310392321。

RVS-Basic 字体：汉字设计的新潮流

搜狐网 12 月 5 日文章指出[1]，设计师厉致谦创建的 RVS-Basic 字体以逆反差风格引领汉字设计新潮流。该字体融合传统与现代美学，重新定义汉字视觉表达。灵感源自民国美术字和清代书法，RVS-Basic 在横竖笔画上采用不同粗细的线条，突破传统矩形框架，创新字偶间距，使排版更自然、有序，提升可读性和美观度，体现了数字媒体时代字体作为信息传递工具的新趋势。

字体帮新挑战：年度汉字设计展现创意与个性

据搜狐网 12 月 17 日消息[2]，汉字在中国不仅是交流工具，更是情感与思想的载体。字体帮主办的"每周一字"活动推出新命题"设计你的年度汉字"，鼓励参与者用创意表达个人情感和生活理念。这一活动展现了汉字设计的魅力，满足了年轻人对个性化表达的追求，引发广泛关注。

---

[1] 《RVS-Basic：全新逆反差字体引领汉字设计潮流》，搜狐网，https://fashion.sohu.com/a/833305488_121924584。

[2] 《字体帮新挑战：设计你的年度汉字，让创意与表达无界限》，搜狐网，https://fashion.sohu.com/a/838368938_121798711。

三　语言治理和语言规范

广州公共场所外语标识迎来法律规范

据《南方都市报》报道①,《广州市公共场所外语标识管理规定》于2024年2月1日起施行。《广州市公共场所外语标识管理规定》从适用范围、管理主体、设置场所与规范要求、日常检查等四个方面细化了公共场所外语标识的管理,为广州打造高水平对外开放门户枢纽提供法治保障。

厦门成立两岸名词术语标准化技术委员会

据中国质量新闻网1月8日消息②,福建省厦门市两岸名词术语标准化技术委员会成立大会暨第一届全体委员第一次工作会议顺利召开,60余名代表参会。该委员会是厦门市市场监督管理局批准的首批市级标准化技术委员会之一。此次会议的召开标志着两岸名词术语标准化工作迈入新阶段,为促进两岸交流与合作提供了重要支持,也为厦门在标准化领域的创新发展奠定了坚实基础。

警惕不良网络流行语对未成年人的影响

《法治日报》2月3日文章指出③,当前不少网络流行语在未成年人中广泛传播,部分孩子在日常交流、作业中频繁使用这些网络热梗,令家长和老师感到忧虑。北京德和衡律师事务所高级合伙人马丽红律师指出,净化语言环境需全社会共同努力,家长、学校、网络平台、社会及相关部门应联动配合,对青少年网络语言进行正向引导,科学监管网络环境,同时保障青少年的表达自由,共同构建健康积极的语言体系。

---

① 《街头标识外语"神翻译"有了法律规范》,《南方都市报》2024年1月5日。
② 吴珊、黄佳慧:《福建省厦门市举办两岸名词术语标准化技术委员会成立大会暨第一届全体委员第一次工作会议顺利召开》,中国质量新闻网,https://www.cqn.com.cn/cj/content/2024-01/08/content_9017712.htm。
③ 韩丹东:《莫让不良网络流行语侵害未成年人》,《法治日报》2024年2月3日。

警惕"黑话"太多干扰职场生态

据《半月谈》报道①,2024年初,电影《年会不能停》中出现的"先把颗粒度对齐一下""形成一个垂直矩阵"等职场"黑话"引发大量吐槽。这些"黑话"不仅没有成为沟通的桥梁,反而让很多人感到不适。真正好的语言应具备易学、易记、表达准确且不产生歧义的特点。职场"黑话"之所以被诟病,是因为它以"黑话"为标签,将职场人划分为不同等级和圈层。如果年轻人过度关注这些表面功夫,可能会逐渐同流合污,拖累自己的职业发展。

人民法院案例库中文书语言的规范化路径

《人民法院报》2月22日文章指出②,人民法院案例库中的案例对统一裁判尺度、促进法律适用、提高办案质效以及增强人民群众对公平正义的获得感具有重要意义。入选案例库的案例需具备指导性、典型性和权威性,便于法官检索和当事人理解。这要求裁判文书在撰写时以入选案例库为目标,确保裁判结果正确,并在语言表达上精心雕琢,以满足示范的需要。当前,部分裁判文书在语言表达上仍有不足,正视并解决这些问题,有助于提升裁判文书语言的规范化水平,使其达到入库标准。

全国政协委员安庭建议制定药品说明书"大字版""简化版"国标

据《北京商报》3月6日报道③,全国政协委员、希肯国际文化集团董事长安庭提出建议,希望相关部门尽快制定药品说明书"大字版""简化版"的国家标准,以满足老年人和视力残疾人的阅读需求,保障用药安全。他建议,根据《中华人民共和国无障碍环境建设法》,药品说明书完整版应以电子版形式呈现,供专业人士查阅;同时,为普通用药人提供纸质大字版和简化版说明书,并突出显示药品用量、成分等关键信息。此外,他还鼓励推出语音、视频、盲文等辅助说明形式,以更好地服务特殊群体。

---

① 张曦:《"对齐颗粒度"?"黑话"太多干扰职场生态》,《半月谈》2024年第2期。
② 曹磊:《人民法院案例库中文书语言的规范化路径》,《人民法院报》2024年2月22日。
③ 赵博宇:《全国政协委员安庭:建议出台药品说明书"大字版""简化版"国家标准》,《北京商报》2024年3月6日。

《互联网用户账号命名要求》团体标准应用试点启动

据中央网信办官网 3 月 7 日消息①，在中央网信办综治局的指导下，中国网络社会组织联合会与中国科学院信息工程研究所联合召开了《互联网用户账号命名要求》团体标准应用试点启动会。此前，国家互联网信息办公室于 2022 年 6 月发布了《互联网用户账号信息管理规定》。为细化落实该规定，中国网络社会组织联合会牵头制定了相关团体标准，旨在指导网站平台压实主体责任，加强用户账号名称信息管理。此次试点是互联网平台企业加强自律、规范账号管理、强化合规建设的重要举措，也是推动法律法规落地落实、维护网络空间良好生态的积极探索。

全国政协委员张博提议治理网络信息内容

据汉语堂微信公众号 3 月 9 日消息②，全国政协委员、北京语言大学教授张博提交了《关于治理损害文化经典权威性的网络信息内容的提案》。她建议：国家互联网信息办公室在《网络信息内容生态治理规定》中，将抹黑、恶搞文化经典的内容纳入"不良信息"范畴，为管理提供法规依据；督促各级网信部门指导网络平台严格监查此类信息；文化和旅游部制定保护文化经典的规章，要求相关部门建立与公众的沟通渠道，接纳合理批评，普及文化经典知识，提升公众维护文化经典权威性的意识。

《地名管理条例实施办法》公布

民政部 3 月 15 日公布《地名管理条例实施办法》（民政部令第 71 号）③，《地名管理条例实施办法》自 2024 年 5 月 1 日起施行，共 26 条，对《地名管理条例》进行了细化和补充。主要内容包括：一是地名命名更名，规定了地名方案的编制、实施和变更程序，明确不以人名、企业名、商标名作地名；二是地名使用，细化了地名拼写、读音审定、少数民族语和外国语地名译写等要求；三是地名文化保护，完善了地名保护名录制度；四是监督管理，明确了违规行为的处理程序。此外，《地名管理条例实施办法》还对重要

---

① 《〈互联网用户账号命名要求〉团体标准应用试点正式启动》，中央网信办官网，https://www.cac.gov.cn/2024-03/07/c_1711481982614415.htm。

② 张博：《关于治理损害文化经典权威性的网络信息内容的提案》，汉语堂微信公众号，https://mp.weixin.qq.com/s/BV8vOPRv_2qKAdZjj1sYvw。

③ 《民政部公布〈地名管理条例实施办法〉》，民政部官网，https://www.mca.gov.cn/n152/n164/c1662004999979998195/content.html。

地理方位、地名专名和通名、地名文化遗产等概念进行了解释说明，为提升地名管理服务水平提供了制度保障。

2024年"清朗"行动聚焦十大任务

据《人民日报》3月16日报道①，2024年"清朗"系列专项行动围绕民众新期待，全面覆盖网络重点领域，聚焦破解网络生态新问题，重点推进10项整治任务。中央网信办相关部门负责人表示，将按计划有力有序推进专项行动，确保取得实效，为网民打造文明健康的网络环境。

中国气象局出台管理办法 规范重要气象设施命名更名

据中国气象局官网3月19日消息②，中国气象局印发了《具有重要地理方位意义的气象设施命名更名管理办法》，明确了具有重要地理方位意义的气象设施命名和更名的审批条件、流程及监管措施，以确保审批工作的规范性。该办法于2024年5月1日起正式施行。

全国民用航空名词审定委员会成立并召开首次工作会议

据中国民航网消息③，3月26日至27日，全国民用航空名词审定委员会成立大会暨第一次工作会议在中国民航大学举行。该委员会下设11个分委员会，涵盖航空器安全性与适航、航空器运行、航空器维修等领域。各分委员会负责各自领域的名词定名和释义审定工作，而全国民用航空名词审定委员会则负责最终的定名和释义审定。审定完成后，其结果将提交全国科技名词委发布。

西安发布新规 规范建筑物命名更名

据红星新闻报道④，4月10日下午，西安市住房和城乡建设局与民政局在官方微信公众号发布了《西安市建筑物命名更名管理办法》。新规定明确，建筑物名称由专名和通名组成，专名在前，通名在后。具体要求包括：不得冠以"环球""世界"

---

① 金歆：《2024年"清朗"行动重点开展10项任务》，《人民日报》2024年3月16日。
② 《中国气象局出台管理办法 规范具有重要地理方位意义的气象设施命名更名》，中国气象局官网，https://www.cma.gov.cn/2011xwzx/2011xqxxw/2011xqxyw/202403/t20240319_6133711.html。
③ 方笑：《全国民用航空名词审定委员会成立大会暨第一次工作会议召开》，中国民航网，http://www.caac-news.com.cn/1/1/202403/t20240328_1376954.html日。
④ 罗梦婕：《跟"环球""长安"等说拜拜！西安发布建筑物命名更名新规》，红星新闻，https://baijiahao.baidu.com/s?id=1796026491151806814&wfr=spider&for=pc。

"中国""中华""中央""全国""万国"等词语；一般不得冠以"陕西""西安""长安"等行政区域名称；不得使用外国人名、地名或其简称；不得使用企业名称或商标名称（包括同音、近音字）；未经批准，不得使用外语词的汉字译写形式命名建筑物。

"别字文旅宣传"需认真对待

据《扬子晚报》4月14日报道①，清华大学国家形象传播研究中心智库专家眭谦指出，首都机场T3航站楼内浑天仪雕塑说明存在多处错别字。文化设施和旅游景点出现错别字的现象并不罕见。汉字作为中华优秀传统文化的重要载体，承载着丰富的文化内涵和深远影响。错别字的出现虽可能是认知不足或疏忽所致，但这一问题不容小觑，它不仅反映了对传统文化的不尊重，削弱了文化的厚重感，还涉及文化自信的根本问题。

102个生僻字即将进入国际编码流程

据《光明日报》报道②，4月19日，由工业和信息化部电子工业标准化研究院主办的中文编码字符集应用推广大会暨"汉字守护计划"成果发布会在北京举行。自2022年11月"汉字守护计划"启动以来，已有3500万人次通过"生僻字征集"官方小程序提交了超过2万个生僻字。其中，102个生僻字经过征集初筛和专家考证，于9月进入国际编码流程，并被收录至《信息技术 中文编码字符集》中。

打击恶意攀附商业标识行为

据《人民日报》4月25日报道③，近年来，部分不法企业恶意注册并攀附使用知名企业有一定影响力的商标、字号及其他商业标识，导致市场混淆，损害了企业和消费者权益。最高法民三庭庭长林广海指出，人民法院秉持严格保护的司法理念，严厉打击此类侵权行为，通过严格公正的司法实践激发创新活力，优化法治化营商环境。

---

① 付彪：《对"别字文旅宣传"就该要多一些较真》，《扬子晚报》2024年4月14日。
② 韩业庭：《102个生僻字将进入国际编码流程》，《光明日报》2024年4月21日。
③ 魏哲哲：《一些企业将有一定影响的商业标识攀附使用——是"乌苏"，不是"乌苏"》，《人民日报》2024年4月25日。

口语中"然后"被频繁使用

据《光明日报》5月5日报道[①],"然后"在口语中的使用频率和范围不断扩大。一些人习惯频繁使用"然后",甚至在采访中也常见。这种现象是口语自然发展的结果,只要不影响正常交流,无须干预。但需注意预防,因为一旦形成习惯,改正起来会很困难,并且可能造成交流障碍。学校应关注并引导学生避免过度使用"然后",这有助于提升个人语言素质和全民族的语言文化素质。

柳州螺蛳粉英文名正式确定为"Liuzhou Luosifen"

据《新京报》报道[②],5月10日,广西柳州市人民政府门户网站发布消息,柳州市地方标准《预包装柳州螺蛳粉外包装英文译写规范》正式实施。这一标准为柳州螺蛳粉外包装的英文翻译提供了科学、规范的指导,填补了产业翻译标准的空白。根据该标准,柳州螺蛳粉的统一英文名为"Liuzhou Luosifen",同时,"加臭加辣""麻辣"等特色风味也有了翻译参考,为企业对外出口提供参考。

应急避难场所三项新国标发布

据国家市场监督管理总局官网5月11日消息[③],市场监管总局(国家标准委)批准发布了三项新的国家标准,包括《应急避难场所 术语》(GB/T 44012-2024)、《应急避难场所 分级及分类》(GB/T 44013-2024)和《应急避难场所 标志》(GB/T 44014-2024)。这些标准对避难场所的分级分类、场址选择、设计建设、功能分区、设施设备配置、标志标识和管护使用等方面进行了全面规范。

新一代实时语音编码行业标准公示

据《科技日报》报道[④],6月26日,腾讯宣布其主导的新一代实时语音编码行业标准AVS3P10已进入公示阶段,即将正式发布。该标准以腾讯首款神经网络语音编解码器Penguins为原型,由数字音视频编解码技术标准(AVS)音频组多家成员单位共

---

① 姚海斌、宗守云:《口语何以多"然后"》,《光明日报》2024年5月5日。
② 王子扬:《柳州螺蛳粉英文名确定为"Liuzhou Luosifen"》,《新京报》2024年5月10日。
③ 《应急管理部和市场监管总局(国家标准委)相关司局负责人就〈应急避难场所 术语〉〈应急避难场所 分级及分类〉〈应急避难场所 标志〉国家标准答记者问》,国家市场监督管理总局官网,https://www.samr.gov.cn/xw/zj/art/2024/art_e2e8d32a24424f50b94fa8c19efbdad1.html。
④ 都芃:《新一代实时语音编码行业标准公示》,《科技日报》2024年6月27日。

同参与编制。作为全球首个引入人工智能实现低码率高质量语音编码的标准，AVS3P10仅需现有主流标准1/3的编码码率，即可达到同等清晰度的音质。这将大幅降低线上会议、语音通话等实时音频场景的带宽需求，即使在网络环境较差的电梯、地库、隧道等场所，也能实现清晰流畅的语音通话。

有声读物领域首个国家标准发布

据《中国新闻出版广电报》7月4日报道[①]，在全国新闻出版标准化技术委员会指导下，由中国音像与数字出版协会牵头，有声读物专业委员会组织，广东大音音像出版社、中国盲文出版社、人民教育电子音像出版社有限公司、高等教育出版社等28家机构共同参与制定的《有声读物》国家标准正式发布。该标准将于2024年10月1日起实施。这是有声读物领域的首个国家标准，对完善标准体系、促进有声读物精品创作和传播以及推动行业高质量发展具有重要意义。

我国牵头品牌评价术语国际标准获批立项

据国家市场监督管理总局官网7月5日消息[②]，国际标准化组织品牌评价技术委员会（ISO/TC 289）第10次全体会议在英国伦敦召开，中国代表团提出的《品牌评价 第5部分：术语》国际标准提案获得通过。同时，由中国专家牵头的工作组正式成立，负责推进该国际标准的制定工作。这一进展标志着我国在品牌国际标准化领域取得重要成果。该提案的制定和发布将为品牌建设相关方提供统一沟通语言，促进各国在品牌评价中的理解。

《档案学名词》正式发布

据全国科学技术名词审定委员会官网消息[③]，《档案学名词》经档案学名词审定委员会审定，获全国科学技术名词审定委员会批准，于2024年7月正式公布。该名词规范涵盖总论、文件管理、档案管理、档案文献编纂、档案保护、电子文件管理、历史文书、中国档案事业史、外国档案事业史等9个部分，共1682条，每条均有定义或注释。全国各科研、教学、生产、经营、新闻出版等单位应遵照使用。名词条目可通过

---

① 李婧璇：《有声读物领域首个国家标准正式发布》，《中国新闻出版广电报》2024年7月4日。
② 《我国牵头品牌评价术语国际标准获批立项》，国家市场监督管理总局官网，https://www.samr.gov.cn/xw/sj/art/2024/art_852c7884427a4397829702bfa133e970.html。
③ 《档案学名词正式公布》，全国科学技术名词审定委员会官网，http://www.cnterm.cn/xwdt/tpxw/202407/t20240709_792280.html。

"术语在线"网站、移动客户端或微信小程序免费查询。

企业名称与行政机构重名 系统漏洞与监管不足引关注

据光明网 7 月 25 日消息①,广东的丁先生曝光了一家名为"海南省自然资源管理厅"的个人独资公司,质疑其涉嫌招摇撞骗。该公司名称顺利通过系统审核,暴露了系统词库在识别易混淆名称时存在漏洞,未能触发人工审核。此外,从企业名称登记成功到问题被网络曝光,登记机关之后采取屏蔽措施,反映了事中事后监管的不足,缺乏常态化的监测排查机制。官方已开展复查,该企业名称可能被回收。

北京市规范直播带货 禁止误导性价格表述

据中国新闻网 8 月 9 日报道②,北京市市场监督管理局发布《北京市直播带货合规指引》,明确要求当直播带货中采用价格比较方式进行促销时,必须清晰标示被比较价格和销售价格,确保信息真实准确。指引强调,不得使用"全网最低价"等不实表述误导消费者,旨在规范直播带货行业,保护消费者权益。

警惕"院士"称谓在中文语境中被滥用

据《大河报》8 月 23 日报道③,近年来,国内学者当选欧洲自然科学院等组织"外籍院士"的消息频现,引发舆论关注。这些"院士"与我国"两院"院士的含金量存在差距。在机构注册和名称使用上,国内外差异显著。部分国家允许随意注册冠以"世界""亚太"等字样的组织,而我国则遵循严格审批程序。因此,媒体在报道中应承担社会责任,加强识别与准确翻译,防止"院士"一词在中文语境中被滥用,避免给不法分子可乘之机。

关于结婚证印农历日期的建议与回应

据《北京青年报》报道④,8 月 28 日,江苏省民政厅厅长谢晓军及相关负责人走进全媒体直播节目《政风热线·我来帮你问厅长》,现场回应群众诉求。南京市民汪先

---

① 熊志:《企业名与行政机构雷同,别拿系统漏洞当借口》,光明网,https://guancha.gmw.cn/2024-07/25/content_37460381.htm。
② 《北京:直播带货不得以"全网最低价"等表述误导消费者》,中国新闻网,https://www.chinanews.com.cn/cj/2024/08-09/10266079.shtml。
③ 《防止"院士"一词在中文语境中被滥用》,《大河报》2024 年 8 月 23 日。
④ 老鹰:《结婚证上能否印农历日期?建议与回应都有意义》,《北京青年报》2024 年 8 月 29 日。

生提出，结婚证上能否体现农历日期。对此，相关负责人表示，该建议合情合理，将向民政部反映。结婚证不仅是婚姻关系的法律证明，也是许多新人珍视的纪念品，记录着结婚纪念日等重要信息。不少新人选择在"5·20""七夕节"等特殊日子领证，赋予婚姻更多美好寓意。

检验医学名词公开征求意见稿

据全国科学技术名词审定委员会官网消息①，8月24日上午，《检验医学名词》（公开征求意见稿）在杭州正式发布。此次发布活动由全国科学技术名词审定委员会和中华医学会检验医学分会联合主办。众多专家教授和检验医学名词委顾问、副主任、部分委员、秘书以及千余名现场参会代表共同参加这一发布仪式。

应急响应级别表述将统一使用汉字

据《长江日报》②报道，8月26日，国家市场监督管理总局标准技术管理司指出，根据新修订的《中华人民共和国突发事件应对法》，突发事件预警及应急响应级别均需采用汉字表述。该法律自2024年11月1日起正式施行。对比新旧版本发现，新法明确将应急响应级别按事件的性质、特点、危害程度及影响范围等因素划分为一至四级，其中一级为最高等级，这为使用汉字表述提供了法律依据。专家表示，此前部分地方使用罗马数字表述应急响应级别，可能与2005年发布的《国家突发公共事件总体应急预案》有关。

路牌注音槽点引关注 城市细节需重视

据《环球时报》9月11日报道③，常住北京的美国编剧曹操发布了一段关于外国人难以读懂中国路牌拼音的视频，引发了广泛讨论。视频中，曹操以北京的"东直门枢纽站"等路牌为例，指出路牌上地名的拼音全部大写且无间隔，导致外国人难以读懂，甚至中国人也容易困惑。他建议拼音应与汉字一一对应，用小空格分隔，并加上声调符号以便准确发音。这一建议触及了很多人忽视的问题：随着识字率提高和智能手机普及，人们对路牌拼音标识的关注度降低，字母标识混乱问题也成了"灯下黑"。实际上，地名、路名的罗马字母标识是有标准可循的，相关研讨也在不

---

① 《检验医学名词公开征求意见稿在杭州发布》，全国科学技术名词审定委员会官网，http://cnterm.cn/news/sddt/202410/t20241010_804878.html。
② 朱建华、樊友寒、史强：《应急响应级别将依法统一用汉字》，《长江日报》2024年8月31日。
③ 张鹏：《路牌注音槽点多，城市细节不能马虎》，《环球时报》2024年9月11日。

断推进。

华图教育不雅标语引争议

据现代快报网报道①，公考培训机构华图教育因不当广告引发舆论关注。9月13日，有网民反映华图教育课堂上出现不当言论："如果你不努力，你的女儿可能被同龄人抱着；你努力，你抱着同龄人的女儿。"同日，华图教育客服回应称，已对发布该不当标语的教师进行了处理。客服表示，已查实当事教师并对其进行了相应处罚，该教师也已深刻检讨。公司今后将加强对相关言论的审核工作。

国家互联网信息办公室征求意见 规范人工智能生成内容标识

9月14日，国家互联网信息办公室发布了《人工智能生成合成内容标识办法（征求意见稿）》②。该征求意见稿明确指出，用户在向网络信息内容传播平台上传人工智能生成合成内容时，需主动声明并利用平台提供的标识功能进行标注。同时，征求意见稿强调，任何组织和个人均不得恶意删除、篡改、伪造或隐匿相关标识，也不得为他人实施此类恶意行为提供工具或服务，更不得通过不正当标识手段侵犯他人合法权益。

泉州出台《住宅区、楼宇命名或更名办事指南》

据《泉州日报》10月24日报道③，为进一步规范泉州市住宅区和楼宇的命名及更名管理，做好相关申请、审批和备案工作，泉州市住建局与民政局联合发布了《住宅区、楼宇命名或更名办事指南》。该指南适用于泉州市统管区（包括鲤城区、丰泽区、洛江区、泉州台商投资区）和泉州开发区的住宅区和楼宇命名或更名的办理，其他县（市、区）可参考执行。该指南自2024年12月1日起施行，有效期至2029年11月30日。

语言文字规范标准建设规划专家研讨会在京举行

据国家语委科研网11月1日消息④，为贯彻党的二十届三中全会精神和全国教育

---

① 《不雅标语引争议，华图教育回应称已处理涉事教师》，现代快报网，https://www.xdkb.net/p1/js/j9mgh/491674.html。
② 《国家互联网信息办公室关于〈人工智能生成合成内容标识办法（征求意见稿）〉公开征求意见的通知》，中央网信办官网，https://www.cac.gov.cn/2024-09/14/c_1728000676244628.htm。
③ 谢曦：《避免"大""洋""怪""重"名称》，《泉州日报》2024年10月24日。
④ 《语言文字规范标准建设规划专家研讨会在京召开》，国家语委科研网，http://ywky.edu.cn/article.html?id=312。

大会精神，推进语言文字规范标准建设，服务教育强国战略，教育部语言文字信息管理司近期组织召开了语言文字规范标准建设规划专家研讨会。会议由全国语言文字标准化技术委员会承办，北京大学、北京师范大学、北京语言大学等高校和科研院所的15位专家学者参会。会议强调，语言文字规范标准建设是落实全国教育大会精神、加大国家通用语言文字推广力度、铸牢中华民族共同体意识的基础性工作，也是服务强国建设和经济社会发展的重要战略支点。

互联网错字问题引关注："帐"与"账"如何区分？

据北青网网易号11月2日报道[①]，重庆一位网友在厢遇小程序上发帖表示，自己在网上看到迪士尼照片中出现了"结帐"一词，感到十分困惑，不知道究竟是"结帐"还是"结账"正确。对此，《咬文嚼字》编辑部在2024年1月3日发布的"2023年十大语文差错"中进行了相关说明。古汉语中，"帐"和"账"可以通用。不过，2001年发布的《第一批异形词整理表》对二者进行了明确区分："账"主要与货币和货物出入的记载、债务等有关，例如账本、报账、借账、还账等；而"帐"则专指用布、纱、绸子等制成的遮蔽物，像蚊帐、帐篷等。按照现代汉语的规范，这两个字的语义已经做了明确区分，不应再混用。

我国南海部分岛礁标准名称首次公布

据自然资源部微信公众号11月10日消息[②]，自然资源部与民政部联合公布了我国南海部分岛礁的标准名称，旨在进一步规范相关地名的使用。此前，中国地名委员会于1983年4月受权发布的《我国南海诸岛部分标准地名》，以及自然资源部、民政部在2020年4月发布的《自然资源部 民政部关于公布我国南海部分岛礁和海底地理实体标准名称的公告》依然有效。社会各界应严格遵循已公布的标准名称进行使用。

海南部署全省学校规范网络语言文字使用工作

据《海南日报》11月20日报道[③]，海南省教育厅与省语言文字工作委员会联合印

[①] 《互联网错字排第一！"帐"还是"账"？重庆网友：看懵了》，北青网网易号，https://m.163.com/dy/article/JG0B02D50514R9KQ.html。
[②] 《自然资源部 民政部关于公布我国南海部分岛礁标准名称的公告》，自然资源部微信公众号，https://mp.weixin.qq.com/s/gMiXBVSe0bQtkiFdbRSz-A？scene=25#wechat_redirect。
[③] 张琬茜、金浩田：《海南部署全省学校规范网络语言文字使用工作 多措并举规范校园"网言网语"》，《海南日报》2024年11月20日。

发《关于做好规范网络语言文字使用工作的通知》，着力整治全省学校网络语言文字使用中的不规范、不文明现象，包括歪曲音形义、编造黑话烂梗、滥用隐晦表达等突出问题，以规范网络语言在校园中的使用。通知强调，学校作为语言文字教育的核心场所，需通过课堂教学、主题班会、校园广播等形式，向学生普及国家通用语言文字的重要性，讲解网络语言不规范使用的危害，引导学生树立正确的语言观，自觉抵制不良网络语言的侵蚀。

天津开展网络语言文字规范专题培训会

据网信天津消息[①]，11月15日，天津市委网信办与市教委联合举办了一场以"清朗·规范网络语言文字使用"为主题的专项行动专题培训视频会议。市、区两级网信和教育部门工作人员，以及属地网站平台内容安全负责人等150余人参加了此次培训。会议邀请了天津大学人文艺术学院副教授王宇枫进行专题授课，他以《清朗行动：规范网络中语言文字的使用》为题，从规范使用国家通用语言文字的重要性、网络时代语言文字规范工作的挑战、网络语言存在的主要问题以及规范网络语言的原则与对策等四个方面进行了深入讲解。

三峡人家景区标示牌翻译混乱引关注

据中华网消息[②]，11月24日上午，有游客在湖北宜昌三峡人家景区游玩时发现多处标示牌存在中英文标注错误。例如，同一景点的两处"出口"标示牌，一处翻译为"Export"，另一处翻译为"Exit"；"演出广场"则被翻译为"Center Square"。该游客指出，三峡人家作为5A级景区，标示牌不仅翻译错误频出，还存在字体大小、颜色不统一，有的标示牌使用两种语言，有的则使用四种语言，整体十分混乱，给外国游客带来不便。游客希望景区能尽快纠正这些错误。目前，景区正处于优化升级阶段，计划次日请专业人员进行核查和修改。对于标示牌形式不一的问题，景区表示正在统一标示牌，已有专门部门负责落实。

---

① 《天津举办"清朗·规范网络语言文字使用"专项行动专题培训会》，网信天津，https://baijiahao.baidu.com/s? id=1816196273630210547&wfr=spider&for=pc。

② 《游客称三峡人家景区标示牌标注混乱 翻译错误引关注》，中华网，https://news.china.com/socialgd/10000169/20241125/47647689.html。

官方文件错别字背后的深层问题

据《南方日报》11月27日报道①，湖南长沙县卫生健康局出具的一份《依法履职处理意见书》因错别字问题引发关注。这份200余字的文件中出现了7处明显错误，如"长沙医院"被写成"呈沙医院"，"指挥中心"写成"指释中心"。这些看似微不足道的错别字，实则反映了工作流程和方法上的漏洞，以及工作态度和能力上的不足。错别字虽小，但损害的是政府的公信力。只有从源头查漏补缺，端正工作态度，提升工作能力，在服务群众的每一件小事上都做到严谨细致，才能重新赢得群众的信任。

太原地铁站名翻译引争议：拼音与英文之争

据房天下网站11月27日报道②，太原地铁1号线和2号线的站名翻译方式引发了市民的广泛讨论。1号线站名统一使用汉语拼音，而2号线采用英文翻译，这种不一致性引起了市民的关注。许多市民建议将1号线的拼音站名改为英文标注，以便于理解和接受。对此，太原轨道交通集团有限公司和市民政局回应称，根据《地名管理条例》规定，地名的罗马字母拼写应遵循汉语拼音标准。这一解释虽然符合法规，但并未完全消除市民对两条线路翻译方式差异的疑问。

"语擦"服务乱象丛生 警惕沦为"擦边"生意

据《法治日报》12月3日报道③，"语擦"服务近年来在社交平台上愈发常见。"语擦"即语言cosplay，从业者通过扮演二次元角色或三次元偶像与客户在线交流并提供服务，且多明码标价，内容还可专属定制。记者调查发现，该市场乱象频出，部分客户及从业者为未成年人。一些"语擦师"利用客户对其角色的喜爱和依赖，编造理由索要钱财，甚至使用色情语言诱惑，游走在法律与道德的"灰色地带"。

在线字典亟待规范治理

《工人日报》12月4日文章指出④，部分在线字典网站以"新华字典"为幌子吸引用户，但其内容却错误频出，字音、字形不准确，词语释义不当，例句也缺乏逻辑性。

---

① 默达：《"官方文件错别字"背后的真问题》，《南方日报》2024年11月27日。
② 《太原地铁站名翻译之争：拼音还是英文？》，房天下，https://taiyuan.news.fang.com/open/51647137.html。
③ 赵丽：《付了钱被拉黑 诱导加钱送礼物 聊天尺度很大 "语擦"服务莫要成了"擦边"服务》，《法治日报》2024年12月3日。
④ 圣宜：《在线字典不能成了在线"字坑"》，《工人日报》2024年12月4日。

这种在线"李鬼"字典的存在严重误导了用户。为了规范在线字典市场，平台需加强管理，与相关部门合作，加大对假冒字典网站的治理力度。同时，用户也应提高甄别能力和防范意识，不轻易相信在线查询结果，尽量通过正规渠道获取语言知识，避免陷入"字坑"。

四　地名使用动态

河南出台《老地名保护管理办法》加强地名管理

据《中国社会报》1月15日报道[①]，为有效保护和管理全省老地名，河南省民政厅印发了《老地名保护管理办法》。该办法要求全省各地民政部门充分发挥地名行政主管部门的牵头作用，协调相关部门在职责范围内做好地名管理工作。该办法共十七条，分为三个部分，明确了出台目的、适用范围、管理范围、原则及具体要求，并确定了老地名保护管理体制。同时，规范了老地名的统计、认定、展示、标示、宣传及保护管理等措施，强调要加强老地名保护管理的信息化和人才队伍建设。

漫谈"龙"字地名文化

《中国社会报》2月2日文章指出[②]，"龙"字地名作为中国龙文化的重要体现，是中华民族共同创造的非物质文化遗产和精神财富。在中国，带有"龙"字的地名数量众多，涵盖了省、市、县、镇、村以及山、河、桥等各类地理名称，种类丰富。据不完全统计，"龙"字地名在十二生肖相关地名中居首位。其形成原因多样，主要包括地理形态、动态特征、颜色寓意、帝王象征、文化声誉等因素。

福建民政邀您参与乡村地名采集上图 动动手指轻松纠错

据福建省民政厅官网2月2日消息[③]，乡村地名采集上图是提升乡村地名精细度和精准度的重要方式。民政部近期上线了"乡村著名行动"采集上图微信小程序，用户登录小程序采集端后，可通过手机轻松上传乡村居民点、道路街巷、种植养殖基地、农家乐、寄递物流点、村邮站、乡村风景区（点）、观景台、采摘园、民宿酒店、农贸集市等乡村产业设施信息，还能对身边地名进行纠错。这一举措旨在织密乡村地名网

---

① 赵建敏：《河南印发〈老地名保护管理办法〉》，《中国社会报》2024年1月15日。
② 张路曦：《龙年漫谈龙地名》，《中国社会报》2024年2月2日。
③ 《动动手指，就可新增、纠错身边地名啦！福建民政邀请您参与乡村地名采集上图》，福建省民政厅官网，http://mzt.fujian.gov.cn/yw/tpxw/202402/t20240202_6391280.htm。

络，助力乡村地名管理的精细化发展。

专家提议杭州开展地名文化研究 推动世界遗产群落城市建设

据中国新闻网 2 月 6 日报道①，2024 年度杭州学研究暨世界遗产保护杭州研究中心建设会议在浙江杭州召开。浙江省城市治理研究中心研究员李明超在会上提出，应开展杭州地名文化研究，助力世界遗产群落城市建设。他建议推进高质量、可转化的杭州学研究，结合杭州历史文化名城建设成效评估工作，以涵盖点状、线性、片区三类的地名规划编制研究为引领，推动文物古迹、历史文化名镇名村、历史街区、历史建筑、工业遗产、农业遗产等各类文化遗产保护研究。通过文化赋能，打造串珠成链的城市文化景观遗产集聚区，为城市更新注入新活力。

内蒙古全面开展"乡村著名行动"助力乡村振兴

据《呼和浩特晚报》2 月 6 日报道②，内蒙古自治区民政厅印发《开展"乡村著名行动"助力乡村振兴实施方案》，正式启动"乡村著名行动"。该方案提出分类推进策略：一是推动民政部确定的 2 个"深化乡村地名服务 点亮美好家园"试点旗持续发力，打造示范标杆；二是 2024 年在每个盟市选取 1—2 个旗县开展"乡村著名行动 助力乡村振兴"试点，以点带面总结成功经验；三是力争到 2027 年底，所有盟市基本完成"乡村著名行动"阶段性任务，实现乡村标准地名信息在各领域的规范使用，助力乡村振兴战略有序推进。

湖南推进"乡村著名行动"助力乡村振兴

据湖南省人民政府官网 2 月 8 日消息③，湖南省 2023 年 9 月启动"乡村著名行动"，涉及 3410 处乡村地名命名与更名、7930 块乡村地名标志和 8.2 万块乡村楼门（户）牌的设置。省民政厅区划地名处副处长刘谋益表示，"乡村著名行动"旨在深化乡村地名管理和服务，通过为乡村命名、亮名、促知名，推动乡村发展。2024 年，湖南省将全面开展乡村地名命名工作，推广批量命名模式，消除命名空白点。同时，推动城乡地名公共服务一体化、均等化，将优秀地名文化融入乡风文明建设，用地名服

---

① 童笑雨：《专家建议开展杭州地名文化研究 助力世遗群落城市建设》，中国新闻网，http://www.chinanews.com.cn/cul/2024/02-06/10160396.shtml。
② 安娜：《我区全面启动"乡村著名行动"》，《呼和浩特晚报》2024 年 2 月 6 日。
③ 郭宸：《湖南开展"乡村著名行动"》，湖南省人民政府官网，http://www.hunan.gov.cn/hnszf/hnyw/zwdt/202402/t20240208_32848167.html。

务助力乡村振兴。

地铁站点"去村化"命名引人深思

据红网2月7日消息①，西安市民政局在其官网发布了西安地铁8号线、10号线站点命名方案。与之前的工程站名相比，新站名呈现明显的"去村化"倾向。随着城市化进程推进和城中村改造，许多村庄已变为高楼大厦，而带有"村"字的地名和路名，是人们对故乡记忆的保留，也是对地方历史文化变迁的见证。在站点位置已确定的情况下，强行推进"去村化"命名并无必要。站名应准确对应经纬度锁定的位置，以便周边居民能认得回家的路，远方来客也能找到最近的路线。

"乡村著名行动"以地名赋能乡村振兴

据《农村大众报》2月28日报道②，"乡村著名行动"以"地名赋能"为核心，致力于在乡村振兴的历史进程中，将地名从单纯的地理位置标识转变为承载丰富历史文化和时代精神的符号。该行动发挥了地名在乡村文化与产业振兴中的重要作用，推动农村实现美丽、强大与富裕，打造宜居宜业的美丽乡村。这一行动在传承乡村文化根脉的同时，也为乡村产业注入了新的活力，实现了保护与创新的有机结合。

自贡荣县"寻根探源" 弘扬优秀地名文化

据中国新闻网2月29日报道③，自贡荣县凭借深厚的历史文化底蕴和丰富的自然人文资源，拥有6000余个富有文化内涵的地名。为传承和弘扬优秀地名文化，荣县深入挖掘地名文化的时代价值，发挥其在社会主义先进文化建设中的积极作用，推动乡村振兴与文化振兴，为中华文明探源工程贡献"荣县价值"。此外，荣县还将开展公开征集活动，收集区域内地名的历史传说、人文故事，以及展现人与地名情感联系的图片、视频等作品，并通过多种平台进行推广。

芜湖市开展"乡村著名行动"助力乡村振兴

据《芜湖日报》3月1日报道④，芜湖市2024年启动"乡村著名行动"，以乡村地

---

① 张翼：《地铁站点命名"去村化"，让人五味杂陈》，红网，https://hlj.rednet.cn/content/646846/61/13565584.html。
② 郭晓琳：《"乡村著名行动"在传承和创新中赋能乡村振兴》，《农村大众报》2024年2月28日。
③ 刘刚：《自贡荣县："寻根探源"传承弘扬优秀地名文化》，中国新闻网，https://www.sc.chinanews.com.cn/whty/2024-02-29/205001.html。
④ 王世宁：《我市启动"乡村著名行动"》，《芜湖日报》2024年3月1日。

名互联网地图标注为牵引，推进乡村地名的规范命名、标志设置维护、文化保护传承、信息深化应用以及赋能产业发展，全面助力乡村振兴。此次行动将系统梳理排查乡村地名中存在的有地无名、多地重名、地名不规范等问题，加大对山水林田湖、街路巷、农业产业和公共服务设施等的命名力度。同时，依托微信小程序和中国·国家地名信息库，加强乡村地名信息采集，实现"一次采集、多方共享"。此外，还将组织人员采编乡村地名故事，将具有重要传承价值的乡村地名纳入地名文化遗产名录。

《云南地名来历》出版 解读云南地名文化

据云南网报道[①]，《云南地名来历》一书于2024年3月6日正式出版发行。该书共收录146篇文章，以云南省各州（市）、县（市、区）地名为目录章节，从地方志视角详细阐释了"云南"地名及云南16个州（市）和129个县（市、区）行政地名的含义、来源及变迁历史，并介绍了当地人文风俗与自然景观。全书史料丰富、考证严谨、脉络清晰，兼具学术、审美与文化价值，是云南"方志人"多年研究成果的结晶。

雄安新区发布地名领域地方标准

据新京报客户端3月14日消息[②]，雄安新区发布并实施了《地名标志 街路巷 设置规范》和《地名标志 门楼牌 设置规范》两项地方标准，旨在规范街路巷地名标志和门楼牌的设置与管理，打造清晰、统一、便捷且具特色的城市地名标志体系。《地名标志 街路巷 设置规范》要求地名及相关信息须在标志上标示，采用统一的文字、颜色和样式，与城市建设同步规划，确保布局合理、美观协调、材质坚固且安全环保，并加强巡检与维护。《地名标志 门楼牌 设置规范》规定门牌编号采用"街路巷标准地名+编号"形式，按道路走向和建筑物顺序依次编排，不得跳号、同号或颠倒；汉字使用标准地名和规范汉字，材质耐用，安装位置明显且安全可靠。

2024年江苏省区划地名工作会议在苏州召开

据澎湃新闻报道[③]，3月15日，2024年江苏省区划地名工作会议在苏州召开。此

[①] 《〈云南地名来历〉将于3月6日正式出版发行，以"云南地名库"解读多彩云南》，云南网，https://yn.yunnan.cn/system/2024/03/05/032964492.shtml。

[②] 白爽：《雄安新区首次出台地名领域地方标准》，新京报客户端，http://m.bjnews.com.cn/detail/1710395025129581.html。

[③] 《2024年全省区划地名工作会议在苏州召开》，澎湃新闻，https://www.thepaper.cn/newsDetail_forward_26711842。

次会议旨在落实全省民政工作会议要求，总结 2023 年全省区划地名工作成果，并部署 2024 年的重点任务。省民政厅副厅长秦海涛出席会议并发表讲话。会议着重强调，要深入贯彻习近平总书记关于区划地名工作的重要指示精神，深刻认识新时代区划地名工作职责任务的变化规律，通过系统思考、科学谋划和统筹推进，确保区划地名工作高质量发展。

民政部新规：禁止引用或擅自转译损害我主权的外国语地名

据观察者网 3 月 16 日报道[①]，民政部发布了《地名管理条例实施办法》（民政部令第 71 号），该办法于 2024 年 5 月 1 日起正式施行。地名作为社会基本公共信息和历史文化的重要载体，在经济社会发展中扮演着基础性角色。2022 年 5 月 1 日，修订后的《地名管理条例》开始施行，对地名管理进行了全面系统的规定。为更好地落实《地名管理条例》，民政部在总结经验、充分论证和广泛征求意见的基础上，制定了《地名管理条例实施办法》，进一步完善了地名管理制度体系。

雄安新区发布两项地名领域地方标准

据《河北日报》3 月 19 日报道[②]，雄安新区发布了《地名标志 街路巷 设置规范》和《地名标志 门楼牌 设置规范》两项地方标准，这是该新区首次在地名领域出台地方标准。这两项标准旨在进一步规范地名标志的设置与管理，提升管理水平，为构建清晰、统一、便捷且具特色的城市地名标志体系提供支撑。这两项标准由河北雄安新区公共服务局组织编制，民政部地名研究所和雄安城市规划设计研究院有限公司共同参与，在充分调查研究新区实际情况并广泛征求意见的基础上完成编制。

北海市推新方案提升乡村地名建设助力乡村振兴

据北海新闻网 3 月 20 日消息[③]，北海市民政局印发《北海市"乡村著名行动"助力乡村振兴实施方案》，旨在全面提升乡村地名建设水平，推动乡村振兴和高品质发展。该方案依据北海市委"稳、准、变、活、实"要求和 2024 年《政府工作报告》的"八个聚力"部署，以落实《地名管理条例》为主线，通过规范乡村地名命名设标、织密城乡地

---

① 《民政部明确不以人民、企业名称、商标名称作地名的特殊规定》，观察者网，https://www.guancha.cn/politics/2024_03_16_728587.shtml。
② 刘光昱：《雄安新区首次出台两项地名领域地方标准》，《河北日报》2024 年 3 月 19 日。
③ 翟坚求：《北海市出台〈北海市"乡村著名行动"助力乡村振兴实施方案〉全面提升乡村地名建设水平》，北海新闻网，https://www.gxbhxww.cn/content/2024-03/20/content_24338.html。

名信息网络、保护地名文化等措施，提升地名管理服务水平。方案强调发挥地名信息的基础性作用，服务新型城镇化建设，方便群众出行和导航，助力宜居宜业和美乡村建设。

西宁大通推进乡村地名行动赋能乡村振兴

据中国新闻网3月20日报道[①]，为深入贯彻党的二十大精神，充分发挥地名工作在乡村振兴中的积极作用，青海大通县民政局持续完善乡村地名管理制度，强化乡村地名管理服务的标准化、规范化与法治化建设，以规范的地名管理和便捷服务推动乡村振兴及城乡融合发展。目前，大通县已向中国·国家地名信息库新增及修正乡村地名信息共17条，助力乡村地名信息的精准化与规范化。

哈尔滨计划3—5年完成"乡村著名行动"

据生活报百家号3月22日消息[②]，哈尔滨市民政局为提升乡村地名管理服务水平，于2024年全面启动"乡村著名行动"。按照规划，各区、县（市）需依托村居"两委"成员及当地"老人"提供信息，结合本村实际情况，系统排查乡村道路，居民点（自然屯），山水林田湖草沙等自然地理实体，公园、自然保护地，交通运输、水利、通信、气象等重要设施的名称。目前，哈市共有167个乡镇1889个村。根据部署，哈市计划在3—5年内完成"乡村著名行动"，到2027年实现乡村地名管理服务水平的显著提升，助力乡村振兴。

增补藏南地区公开使用地名（第四批）公布

据民政部官网消息[③]，3月30日，《民政部关于增补藏南地区公开使用地名（第四批）的公告》正式公布。依据国务院地名管理相关规定，民政部协同相关部门对部分地名进行了标准化处理，增补公开使用地名共30个。这一举措旨在进一步规范地名使用，提升地名管理的科学性和准确性，为相关地区的发展和社会管理提供基础支撑。

[①] 吴长福：《西宁大通：推进乡村地名行动 助力乡村振兴建设》，中国新闻网，http://www.qh.chinanews.com.cn/news/2024/0320/124009.html。

[②] 于海霞：《哈尔滨拟利用3至5年时间完成"乡村著名行动"》，生活报百家号，https://baijiahao.baidu.com/s?id=1794236602160233600&wfr=spider&for=pc。

[③] 《民政部关于增补藏南地区公开使用地名（第四批）的公告》，民政部官网，https://www.mca.gov.cn/n152/n165/c1662004999979998568/content.html。

德州推进城乡一体化地名标志体系建设

据中国山东网百家号消息①，4月8日，德州市政府新闻办召开"打造一流营商环境"主题系列新闻发布会，介绍各部门2024年度"一把手营商环境项目"。2023年，民政部启动"乡村著名行动"，山东省民政厅印发相关实施方案。为优化营商环境，助力城乡企业发展，德州市在2023年完成城乡无名道路命名设标的基础上，2024年率先在全省乃至全国以市为单位，将地名命名、设标工作重点延伸至村（居）委会驻地，进一步织密城乡地名网，完善城乡一体化地名标志导向体系。

江西规范住宅楼宇命名 杜绝"大、洋、怪、重"地名

据南昌新闻网4月11日报道②，江西省住建厅与民政厅联合发布《关于做好具有重要地理方位意义的住宅区、楼宇命名（更名）相关工作的通知》。该通知明确，住宅区和楼宇的命名应遵循国务院《地名管理条例》的相关规定，名称由专名和通名两部分组成，专名在前，通名在后，且需名实相符。专名应健康简洁、含义明确，符合现代汉语使用习惯；通名则应反映建筑物的功能类别属性。通知要求从源头上防止和杜绝"大、洋、怪、重"等不规范地名，以提升地名管理的法治化、规范化和标准化水平。

深圳112个地名入选首批地名保护名录

据《深圳特区报》4月27日报道③，深圳市规划和自然资源局公布，"宝安"等112个地名正式入选深圳市第一批地名保护名录，这些地名分为传统文化与历史地名、红色历史地名、改革开放地名三大类。深圳长期致力于历史文化保护传承与利用管理工作，通过强化地名文化及历史风貌区、历史建筑的保护，不断完善历史文化保护传承体系，努力实现空间全覆盖、要素全囊括、资源再活化，为城市留下更多历史记忆。

---

① 张敏敏：《德州：进一步完善城乡一体化地名标志导向体系》，中国山东网百家号，https://baijiahao.baidu.com/s?id=1795760240464750334&wfr=spider&for=pc。
② 吴跃强：《江西省住宅楼宇起名有"规则"，杜绝"大、洋、怪、重"等不规范地名》，南昌新闻网，https://news.ncnews.com.cn/snxw/202404/t20240411_2053884.html。
③ 秦绮蔚：《一个个地名串起城市的"编年史"》，《深圳特区报》2024年4月27日。

《湘西土家语苗语地名词典》解读土家语、苗语地名文化

据湖南日报百家号5月2日消息①,湘西土家族苗族自治州民政局为保护和传承少数民族地名文化,提升少数民族地名的科学性与权威性,耗时近10年编撰了《湘西土家语苗语地名词典》。该词典包含土家语和苗语两册,共收录该州3400余条土家语和苗语地名,于2023年底出版。词典中的每个地名词条涵盖8个要素:汉语名称、拼音注音、西南官话表达、国际音标注音、土家族或苗族文字、汉语语义、地名历史沿革简述以及地理实体简介,内容翔实且条理清晰。

青海集中清理整治不规范地名超1000条

据《中国社会报》5月13日报道②,青海省针对中国·国家地名信息库中行政区划、街路巷、自然实体等地名存在的不规范、不准确问题,开展专项治理行动,集中时间和力量对全省地名进行审校更新、查漏补缺和清理整治。此次行动累计修改完成12万余条地名词条,清理整治不规范地名1000余条,推动地名信息数据常态化更新维护和质量提升。省民政厅区划地名处负责人表示,省民政厅按照地名管理工作机制,会同相关部门印发政策文件,明确各部门职责分工,提出住宅区、楼宇地名管理的具体标准,推动地名管理工作从"事后管理"向"前置服务"转型,有效避免新的不规范地名产生。

北京《地名规划编制标准》7月1日起正式实施

据人民网报道③,北京市《地名规划编制标准》于7月1日正式实施。该标准旨在规范地名规划编制流程,保护地名文化遗产,传承历史文化脉络。该标准对北京市行政区域内的地名片区、道路、桥梁、隧道、轨道交通车站、公园、广场及其他地理实体的地名规划编制和命名进行了详细规定。这些新规定是在广泛征求社会各界意见,并结合多年地名规划实践经验的基础上总结提炼而成的,具有较强的科学性和实用性。

---

① 郭宸:《土家语和苗语地名有什么意思?湘西这套地名词典告诉你!》,湖南日报百家号,https://baijiahao.baidu.com/s?id=1797934314011956413&wfr=spider&for=pc。
② 周建萍:《青海清理整治不规范地名1000余条》,《中国社会报》2024年5月13日。
③ 李博:《北京市地方标准〈地名规划编制标准〉7月1日实施》,人民网,https://www.hubpd.com/hubpd/rss/cmmobile/index.html?contentId=8358680908402556472。

北京发布"三山五园"传统地名保护名录 421 处传统地名入选

据中国新闻网 7 月 2 日报道①，北京市政府批准将圆明园等 421 处传统地名列入"三山五园"地区传统地名保护名录。这是继首都功能核心区两批传统地名保护名录公布后又一重要名录，已由北京历史文化名城保护委员会办公室向社会公布。此次入选的地名具有四大特征：类型丰富多样，涵盖"三山五园"地区主要地名类型；空间分布广泛，覆盖该地区 68.5 平方公里范围；时间上古今延续，兼顾历史与现代；体现时代特色，传承红色基因，彰显了北京深厚的历史文化底蕴。

乡村"地名+"模式潜力巨大

据《人民日报》7 月 4 日报道②，乡村"地名+"模式在塑造优势和实现价值方面展现出巨大潜力。例如，广州市南沙区通过编制乡村地图，助力南沙青蟹等特色农产品走向更广阔的市场，同时挖掘地名背后的历史文化，让香云纱、疍家婚俗等非物质文化遗产走进大众视野。肇庆市鼎湖区则将地名信息服务与旅游产业融合，串联本地特色资源，取得显著成效。不过，乡村"著名"工作是一项复杂的"技术活"，涉及地名方案编制、命名设标、采集上图等多个环节，且需多部门协同推进。在实施过程中，既要兼顾标准化与个性化，雅俗共赏，又要尊重历史沿革，充分听取群众意见，避免"一刀切"。

邯郸"成语街道"命名四年即更名引关注

据新浪财经消息③，河北邯郸经济技术开发区社会事务局于 7 月 30 日发布公告，决定对区域内十多条以成语命名的道路进行更名，涉及"一言九鼎街""志在四方街"等多条道路，原因是这些名称"不易识记"。2020 年 7 月，石家庄日报客户端曾刊文介绍，邯郸市依据国务院《地名管理条例》和《河北省地名管理规定》，在广泛征求意见和专家论证后，在主城区东部特定区域内，通过赋予大街小巷新的名称，烙下优秀历史文化印记。然而，这些道路命名仅四年便面临更名，引发公众对地名文化传承和实用性的讨论。

---

① 陈杭：《北京三山五园传统地名保护名录发布 圆明园等 421 处列入》，中国新闻网，http://www.chinanews.com.cn/cul/2024/07-02/10244412.shtml。
② 钟颐：《乡村"地名+"大有可为》，《人民日报》2024 年 7 月 4 日。
③ 何勇海：《命名四年就更名，邯郸"成语街道"何以如此"短命"》，新浪财经，https://finance.sina.cn/2024-08-01/detail-inchavuh6358914.d.html。

宁夏中卫创新乡村地名管理服务模式

据宁夏回族自治区民政厅官网 9 月 10 日消息①，中卫市近年来积极开展乡村红色地名、书香地名、故事地名寻访活动，深入挖掘乡村地名文化，探索乡村地名管理服务新路径，助力乡村振兴。中卫市注重地名信息采集上图工作，沙坡头区制订相关实施方案，核实并增补中国·国家地名信息库乡村地名数据 300 余条，确保信息准确完整。同时，引导居民使用微信小程序采集上传地名信息 1092 条，通过中国·国家地名信息库与互联网地图互通，实现"采集上图"，织密乡村地名网络，方便群众出行导航。

四川发布首批省级地名保护名录 27 个地名入选

据四川在线报道②，为深入贯彻《地名管理条例》，进一步发挥地名文化在弘扬社会主义核心价值观、传承中华优秀传统文化中的积极作用，四川省民政厅于 9 月 12 日正式发布了《四川省第一批省级地名保护名录》。该名录旨在加强全省地名文化保护传承，构建省、市、县三级地名保护体系。第一批入选的地名经过推荐申报、专家评审、社会公示等程序确定，涵盖千年古县、千年古镇、千年古街巷、古建筑和遗址遗迹、红色地名、地质与灾害地名、近现代重要地名、著名山川等 8 大类，共 27 个地名。

我国规范命名 43 万条乡村地名助力乡村振兴

据新华社消息③，民政部相关负责人于 9 月 23 日表示，2024 年 8 月，全国已规范命名乡村地名 43 万条，并设置了 33 万块乡村地名标志。此前，民政部已部署相关工作，计划在 3—5 年内集中推进，使地名管理在乡村振兴中发挥更大作用。到 2035 年，乡村地名管理服务将全面适应中国式现代化的需求，为乡村发展提供有力支撑。

贵州首个地名文化展示馆在凯里市开放

据贵州省民政厅官网 10 月 9 日消息④，凯里市舟溪镇曼洞村的凯里市地名文化展

---

① 《"乡村著名"助力"乡村扬名"》，宁夏回族自治区民政厅官网，http://mca.nx.gov.cn/ztjj/xczx/gzdt_57367/202409/t20240910_4651795.html。
② 李丹：《四川首批省级地名保护名录正式发布，有你家乡的吗？》，四川在线，https://sichuan.scol.com.cn/ggxw/202409/82606619.html。
③ 高蕾：《助乡村"扬名" 我国规范命名 43 万条乡村地名》，新华网，http://www.xinhuanet.com/20240924/ecf28c3351614c6ebb89888bf43cb643/c.html。
④ 陈梅：《贵州省首个地名文化展示馆正式对公众开放》，贵州省民政厅官网，https://mzt.guizhou.gov.cn/xwzx/mzyw/202410/t20241009_85792433.html。

示馆正式对公众开放，成为贵州省首个此类展示馆。该馆通过地图、图片、文字等形式，展示了凯里政区地名、村落地名和自然地理实体地名共100个，分为"政区地名""村落地名""陆地地形和水系地名""凯里市首批地名保护名录""地名光影"五个单元。开馆后，展示馆将助力参观者尤其是青少年深入了解地名文化。当地还将进一步完善乡村地名网络，繁荣乡村地名文化，发挥地名品牌价值，推动产业振兴，满足乡村建设需求和人民对美好生活的向往。

舟山嵊泗县以地名文化赋能海岛文旅产业

据金台资讯百家号10月17日消息①，近年来，浙江省舟山市嵊泗县通过地名文化和旅游服务相结合的方式，助力花鸟乡"东海第一浪漫爱情岛"建设，推动"婚登+文旅"融合发展，促进婚俗改革和产业发展，助力海岛共同富裕。2023年，该地区实现地区生产总值15678万元，旅游总产值7860万元。花鸟乡以"乡村著名行动"为契机，对11大类44小类地名进行全面普查，共收录143条地名，有效解决了地名不规范、一地多名等问题，满足了乡村治理精细化、网格化的需求。

自流井区守护地名文化，留住乡愁记忆

据金台资讯百家号10月31日消息②，自贡市自流井区自开展"乡村著名行动"以来，建立了"区—镇（街）—村（社区）"三级地名工作专班，统筹各方力量，通过实地走访、查阅档案、专家论证等方式，深度挖掘辖区地名文化，实现保护与传承并重。截至10月31日，该区已规划设置特色地名标识标牌25块，新命名城区道路2条、特色乡道村道10余条，并通过乡村著名微信小程序采集上图兴趣点680个、地名80条，有效提升了地名管理的精细化水平，为留住乡愁记忆提供了有力支撑。

《五千年中华地名》出版 探寻地名背后的文化故事

据澎湃新闻报道③，11月15日，在上海国际童书展首日，新蕾出版社举行了《五

---

① 邱巧怡：《激活地名文化 赋能海岛"文旅+"产业发展》，金台资讯百家号，https://baijiahao.baidu.com/s?id=1813120503920720605&wfr=spider&for=pc。
② 刘延何：《自贡自流井区：守护地名 留住乡愁》，金台资讯百家号，https://baijiahao.baidu.com/s?id=1814402449376961332&wfr=spider&for=pc。
③ 杨宝宝：《〈五千年中华地名〉发布，解锁地名背后的文化内涵》，澎湃新闻，https://www.thepaper.cn/newsDetail_forward_29365241。

千年中华地名》新书发布会。该书由胡阿祥、华林甫两位教授共同创作，聚焦部编版小学语文课本中的中国地名文化，深入讲述地名背后的地理知识和人文故事。书中结合高清文物与生态景观图片，旨在引导青少年在学习历史、地理、语文等学科知识的同时，增强文化自信，培养爱国情怀。

语言科技前沿

2024年，语言科技飞速发展，大语言模型持续深化其应用，语言智能技术渗透至各行各业以及千家万户之中，为社会的各个领域提供了强大的推动力。

大语言模型热度不减，发展不断深化。国内众多自主研发的大语言模型相继问世，显著提升了中文自然语言处理的能力。例如，国内首款专门用于古籍处理与研究的大语言模型"荀子"正式发布；国内首款支持30种方言自由混说的语音识别大模型——星辰超多方言语音识别大模型也已面世；重庆首个自主研发的大语言模型"兆言"更是跻身全球前三；古汉语大语言模型"AI太炎2.0"发布；国内首款端到端通用语音大模型心辰Lingo发布；科大讯飞推出的星火4.0 Turbo大模型显著提升语音识别性能；科大讯飞的语音合成专利有效提高了语音合成的准确性。与此同时，国际上的大语言模型也在不断升级，引领语言科技发展的新趋势：GPT-4o在处理速度和质量上都有显著提升；联想发布了集成Meta Llama 3本地大语言模型的全新人工智能体；Cohere发布了强大的Command-R企业级语言模型。

各种语言智能产品不断涌现，广泛应用于社会生活的各个领域。数字化技术持续为教育领域注入新活力：我国终身教育平台已服务近6000万人次；iEnglish开创了英语学习的新体验；多邻国利用人工智能增强了英语测试的能力。语言智能技术不断推动无障碍服务的发展，为特殊人群提供更多的保障，如国家无障碍环境展示馆正式向公众开放；Hand Talk能够自动将文本和音频转换为手语，成为无声世界与有声世界之间的桥梁。在各行各业中，创新的语言智能服务方式层出不穷，它们提供了更加便捷、迅速、智能化的语言服务：国家博物馆通过数字化手段让文物焕发新生；东巴古籍智能翻译系统促进了东巴古籍文献的深入保护；小度发布了全球首款搭载中文大模型的原生AI眼镜；深圳地铁4号线引入了智能终端，利用增强现实（Augmented Reality，缩写为AR）和虚拟现实（Virtual Reality，缩写为VR）技术，结合AI语音，为乘客提供导航服务；宜城市人民法院建立了庭审语音方言识别系统；OCR 2.0模型实现了从图表、几何图形、音乐符号到可编辑文本的转换；中国日报客户端推出了法语新闻智能服务；医保的"智能语音播报"服务也受到了广大群众的欢迎。

一 大语言模型

腾讯云 ASR 首创多语言、多方言混合识别引擎

据中国日报网1月4日报道①,腾讯云宣布其语音识别(ASR)方案完成基于大模型能力的全新升级。该方案针对企业多样化需求,提供高质量语音识别服务,有效推动产业智能化进程。目前,ASR已经应用于微信、王者荣耀等产品,同时覆盖录音质检、实时会议转写、语音输入法等多元场景。

"荀子"大语言模型发布

据《科技日报》1月8日报道②,我国首个专注于古籍处理与研究领域的开源人工智能工具——"荀子"大语言模型正式发布。该成果由南京农业大学王东波教授团队与古联(北京)数字传媒科技有限公司共同研发。

数据是构建大模型的关键支撑。研究团队在通用人工智能模型基础上,融合了20亿字古代汉语语料和20亿字现代汉语语料,使"荀子"大语言模型具备了多项创新功能,包括古籍智能标引、信息提取、诗歌创作、古籍高质量翻译及深度阅读理解等。

松鼠 Ai 发布首个全学科"智适应大模型"

据 TechWeb1月9日报道③,国内科技创新型企业松鼠 Ai 首次公开其最新研究成果,推出全球首个全学科"智适应大模型",体现了人工智能技术与教育的创新结合。董事长栗浩洋指出,松鼠 Ai 期待和行业伙伴深化交流与合作,汇聚产学研各方力量,共同推进产业链的协同发展,让个性化教育惠及更多学生。

---

① 《腾讯云 ASR 基于大模型全新升级:首创多语言、多方言混合识别引擎》,中国日报网,https://tech.chinadaily.com.cn/a/202401/04/WS65967799a310af3247ffada7.html。
② 金凤:《"荀子"大语言模型:化繁为简 通读古今》,《科技日报》2024年1月8日。
③ 宜闻:《松鼠 Ai 发布首个智适应教育大模型 年底将推国际版教育产品》,TechWeb,https://www.techweb.com.cn/it/2024-01-09/2939400.shtml。

中国电信星辰语义大模型正式开源

据中国日报网报道①，1月10日，中国电信星辰语义大模型TeleChat-7B版本正式开源，同步开放1T高质量清洗数据集。该模型已完成与昇腾AI基础软硬件的适配，相关适配代码也已开源。据悉，中国电信还计划于1月20日进一步开源12B版本模型。

重庆首个自研大语言模型"兆言"跻身全球前三

据《重庆日报》报道②，3月5日，上海交通大学重庆人工智能研究院（沪渝人工智能研究院）宣布，其自主研发的大语言模型"兆言"在SuperCLUE（中文大模型智能体评测基准）最新评测中表现优异，以66.11分位列全球智能体榜单第三名，仅次于GPT-4和ChatGLM3-Turbo。作为重庆首个自主研发的大语言模型，"兆言"于2023年7月13日在西部（重庆）科学城正式亮相。与GPT等通用大模型不同，"兆言"专注于打造行业大模型。该模型能够提供更精准、专业的文本输出，帮助用户获取真正有价值的信息。

"Command-R"企业级语言模型发布

据站长之家消息③，3月12日，人工智能企业Cohere推出重大新语言模型Command-R，标志着该公司在AI技术领域取得重要突破。这款创新产品在检索增强生成和工具应用等关键人工智能任务上展现了卓越性能。Cohere总裁兼首席运营官Martin Kon透露，Command-R旨在处理全球业务语言的大规模生产工作负载问题。该模型已对检索增强生成进行优化，准确性和效率有所提高，能够帮助企业跨越概念验证阶段。

上海AI实验室开源发布"万卷CC"语料库

据新质生产力网百家号3月13日消息④，上海人工智能实验室推出新一代高质量

---

① 《中国电信星辰语义大模型正式开源，携手昇腾共建开源大模型生态》，中国日报网，https://tech.chinadaily.com.cn/a/202401/15/WS65a4cde9a310af3247ffbfd7.html。
② 张亦筑：《重庆首个自研大语言模型"兆言"跻身全球前三》，《重庆日报》2024年3月8日。
③ 《Cohere发布强大的"Command-R"企业级语言模型》，站长之家，https://www.chinaz.com/2024/0312/1602669.shtml。
④ 《"萃取"数据精华，上海AI实验室开源发布高质量语料"万卷CC"》，新质生产力网百家号，https://baijiahao.baidu.com/s?id=1793379912434448421&wfr=spider&for=pc。

大模型训练语料库"万卷CC"（WanJuan-CC），为AI研发领域注入新动能。该语料库作为"大模型语料数据联盟"2024年首发的开源语料库，将为学术界和业界提供宝贵的高质量数据资源。据悉，研发团队运用自主创新的数据清洗技术，从1300亿份原始数据文档中精筛出1.38%的优质内容，构建了这一语料库。测试表明，WanJuan-CC具有高文本质量、高信息密度的特点，能满足当前大模型训练对海量优质数据的需求。

中文版Sora计划发布

据《深圳商报》3月14日报道[①]，2024年伊始，OpenAI推出的文生视频大模型Sora在全球引发轰动。这款仅凭文字提示就能生成60秒高清视频的模型，以其惊艳的表现引发业界热议，同时让国内AI发展现状成为焦点话题。为复现"开源版Sora"，北京大学深圳研究生院－兔展智能AIGC联合实验室推出"Open-Sora"计划，希望通过产学研深度协作，以开源方式展现中国团队的技术自信。

海信发布电视行业中文大模型

据光明网报道[②]，3月15日，"海信视像AI美好生活"全场景显示新品发布会在上海举行，正式推出海信自主研发的"星海大模型"，标志着电视行业进入AI新时代。该模型的自然对话交互突破了传统指令式对话瓶颈，并且在文生图、文图生视频等方面给用户带来了新体验。在C-Eval权威评测榜单中，该模型排名第二，电视领域第一，充分彰显技术实力。

《2024中国人工智能多模态大模型企业综合竞争力20强研究报告》发布

据赛迪网消息[③]，3月15日，赛迪工业和信息化研究院（集团）四川有限公司正式发布《2024中国人工智能多模态大模型企业综合竞争力20强研究报告》。该报告遵循科学性、综合性等原则，从经济、技术、行业和商业等多维度出发，对国内自主研发的多模态大模型企业实力进行全面评估，最终评选出国内最具竞争力的20家人工智能多模态大模型企业，为行业发展提供重要参考。

---

① 张郗郡：《中文版Sora计划 在深正式发布》，《深圳商报》2024年3月14日。
② 林佳欣：《海信发布电视行业中文大模型》，光明网，https://tech.gmw.cn/2024-03/16/content_37207168.htm。
③ 《赛迪发布〈2024中国人工智能多模态大模型企业综合竞争力20强研究报告〉》，赛迪网，http://www.ccidthinktank.com/info/1155/39461.htm。

OpenAI 发布 Voice Engine 预览

据财联社百家号消息①,3月29日,OpenAI在其官网首次公开展示了"Voice Engine"的预览。仅需15秒的语音样本和相应文本,该引擎即可生成与说话者声音高度相似、具有丰富情感的语音。

"语音引擎"可从 15 秒样本复制原声

据《科技日报》报道②,3月29日,OpenAI正式发布突破性人工智能工具"Voice Engine"。该技术自2022年底开始研发,目前已在ChatGPT的"大声朗读"功能中应用。OpenAI表示,该技术可用于教育目的,将播客翻译成新语言。虽然演示音频仍存在细微的机械感,但其合成效果已相当出色。

Mengzi3-13B 大模型开源

比特网4月2日消息称③,澜舟科技宣布Mengzi3-13B大语言模型将面向学术研究完全开放并支持免费商业应用。相较于之前的孟子大模型GPT V2系列,Mengzi3-13B的数据集质量有明显提升,其采用的Mengzi-3数据集规模达3T tokens,涵盖网页、代码、图书、论文等多元化高质量数据源。

北大、华为共同申请大语言模型相关专利

据和讯网报道④,4月2日,华为技术有限公司与北京大学联合研发的"一种将大语言模型与RESTful API连接的方法"专利公布。专利摘要指出,该发明通过四个模块相互协作,完成在线规划及API(Application Programming Interface,应用程序编程接口)规划的执行,从而符合真实应用环境中的用户指令。

Sora 或将应用于好莱坞电影行业

据《科技日报》4月16日报道⑤,OpenAI公司正在积极向好莱坞娱乐业人士推广

---

① 赵昊:《OpenAI展示语音生成"武器库":太强大以至于无法推广》,财联社百家号,https://baijiahao.baidu.com/s?id=1794891386284663648&wfr=spider&for=pc。
② 张梦然:《"语音引擎"可从15秒样本复制原声》,《科技日报》2024年4月2日。
③ 潇冷:《孟子3-13B大模型开源,中英文语言能力突出》,比特网,https://m.chinabyte.com/ai/311/97811.shtml。
④ 《北大华为共同申请大语言模型相关专利》,和讯网,https://news.hexun.com/2024-04-02/212403872.html。
⑤ 刘霞:《Sora向好莱坞发起冲击》,《科技日报》2024年4月16日。

其最新研发的 Sora 文字转视频技术。Sora 能够根据文本指令生成时长达 60 秒的视频内容，并且呈现的视觉效果非常逼真。这一突破性进展在好莱坞引发广泛讨论，业内人士既惊叹于其技术潜力，也担忧可能对传统影视制作模式和就业结构产生一定影响。

大模型打破聋人沟通障碍

据《华夏时报》5 月 10 日报道①，科技正成为连接聋人与听人世界的桥梁。合肥综合性国家科学中心人工智能研究院（合肥人智院）的机器博弈团队，经过十余年深耕，成功研发出手语识别系统，可将手语实时转化为文字与语音，让听人理解聋人的表达。此外，科大讯飞推出讯飞听见 App 和智能助听器，能够帮助聋人明白听人在说什么。

OpenAI 推出新旗舰模型 GPT-4o

据财联社消息②，5 月 14 日，OpenAI 通过线上发布会推出新旗舰模型 GPT-4o，其中"o"代表"全能"。该模型能够帮助 ChatGPT 处理 50 种不同语言，速度和质量均有所提升。据悉，GPT-4o 支持文本、音频和图像的任意组合输入和输出，其对音频输入的最短响应时间为 232 毫秒（平均 320 毫秒），与人类对话反应水平相似。

日本发布大规模语言模型"Fugaku-LLM"

据《科技日报》5 月 15 日报道③，由东京工业大学、日本理化学研究所与富士通公司联合研发的大规模语言模型"Fugaku-LLM"正式问世。这是首个由日本国产技术构建的 AI 语言模型，能够使用敬语进行自然对话，同时在人文社会科学领域展现出卓越的能力。

星辰超多方言语音识别大模型发布 支持 30 种方言混说

据中国新闻网 5 月 25 日报道④，在第七届数字中国建设峰会上，中国电信人工智能研究院推出星辰超多方言语音识别大模型，这是首个支持 30 种方言混说的语音识别大模

---

① 陶炜：《大模型助残：让聋人"听见"与被"听见"｜聚焦全国助残日》，华夏时报网，https://www.chinatimes.net.cn/article/136293.html。
② 赵昊：《3 分钟速览 OpenAI 春季发布会：GPT-4o 炸裂登场!》，澎湃新闻，https://www.thepaper.cn/newsDetail_forward_27369103。
③ 李杨：《日本发布大规模语言模型》，《科技日报》2024 年 5 月 15 日。
④ 刘育英：《中国首个支持 30 种方言混说语音大模型发布》，中国新闻网，https://www.chinanews.com.cn/cj/2024/05-25/10223233.shtml。

型。目前，该模型已在福建、江西等地的电信 10000 智能客服试点应用，日均可处理约 200 万通来电。此外，星辰超多方言语音识别大模型还在多地市的 12345 平台落地。

Google 翻译将新增 110 种语言

据腾讯网 6 月 28 日报道①，Google 宣布其翻译服务将迎来史上最大规模的扩展，新增支持 110 种语言，包括粤语、NKo、Tamazight 等。这些新增语言覆盖了全球超 6.14 亿名使用者。

国家区块链技术创新中心牵头共建人工智能语料共享新模式

据中国日报网 7 月 1 日报道②，新华社国家重点实验室、人民网等语料重点单位宣布，将联合国家区块链技术创新中心，共同成立高价值语料可信安全流通生态体系。通过区块链、隐私计算等前沿信息技术，全国范围的大模型语料资源将形成可持续、自生长的数据供给生态，助力人工智能大模型领域的高质量发展。

中文大模型 2024 年半年报出炉

据中国新闻网 7 月 10 日报道③，中文大模型测评基准 SuperCLUE 发布 2024 年上半年报告，揭晓针对国内外 33 个大模型的综合测评结果。阿里通义千问的开源模型 Qwen2-72B 成为排名第一的中国大模型，SuperCLUE 报告认为通义千问"超过众多国内外闭源模型""引领全球的开源生态"。

阿里通义千问 AI 大模型将亮相巴黎奥运会

据中国新闻网 7 月 24 日报道④，阿里通义千问 AI 大模型成为巴黎奥运会上的首个 AI 大模型应用的技术提供方。据国际奥委会第 142 次全会介绍，阿里 AI 将为巴黎奥运会提供 360 度直播特效、黑白影像 AI 彩色修复、碳减排辅助等技术。

---

① 《Google 翻译在 AI 帮助下学会了粤语，将新增 110 种语言》，腾讯网，https://news.qq.com/rain/a/20240628A02SLW00。
② 赵磊：《国家区块链中心牵头共建人工智能语料共享新模式》，中国日报网，https://cn.chinadaily.com.cn/a/202407/01/WS66826d2aa3107cd55d269664.html。
③ 李佳佳：《报告：中文大模型 2024 半年报出炉，通义千问通用能力国内第一》，中国新闻网，http://www.sh.chinanews.com.cn/kjjy/2024-07-10/126400.shtml。
④ 《阿里通义千问 AI 大模型将亮相巴黎奥运会》，中国新闻网，https://www.chinanews.com.cn/cj/2024/07-24/10256465.shtml。

30 秒将任意文字生成视频 AI 视频生成模型"清影"上线

据北京日报客户端消息①，7 月 26 日，北京人工智能大模型企业智谱 AI 推出 AI 视频生成模型"清影"。用户输入一段文字，再选择卡通 3D、黑白、油画、电影感等需要的风格，配上清影自带的音乐，就能够生成相应的视频片段。据悉，北京亦庄人工智能公共算力平台负责为清影提供算力支持，助力人工智能技术迭代创新。

我国首个农业通用大语言模型发布

据《光明日报》8 月 2 日报道②，在农业智能知识服务产品发布暨国家农业图书馆平台服务站启用仪式上，中国农业科学院农业信息研究所发布了我国首个农业通用大语言模型，并推出农业智能知识服务平台。该模型针对科技创新、科学决策、学术研究、服务"三农"等四个核心场景，有效解决了通用模型存在的专业知识缺乏、时效性差、逻辑推理错乱等问题。

人工智能训练师帮助学习模型识别"有用"信息

据《人民日报》8 月 27 日报道③，人工智能训练师杨洪旭介绍说，在训练 AI 模型前，训练师需要从大量文本中提炼和标注关键信息，再将有用的信息"投喂"给 AI 模型。模型生成后，训练师需要用测试检验 AI 学习效果。杨洪旭形象地将这个过程比作"从备课到考试"的教学流程。

北京师范大学古汉语大语言模型"AI 太炎 2.0"发布会成功举办

据章黄国学微信公众号消息④，8 月 27 日，北京师范大学古汉语大语言模型"AI 太炎 2.0"发布会暨数智时代应用语言学学科建设路径与方法座谈会顺利召开。据悉，AI 太炎模型能够支持字词释义、文白翻译、句读标点等多种复杂的文言文理解任务，兼容繁简中文输入。其命名既致敬近代国学大师章太炎先生的学术贡献，也彰显了传

---

① 孙奇茹：《30 秒将任意文字生成视频，AI 视频生成模型清影上线》，京报网，https://news.bjd.com.cn/2024/07/26/10846964.shtml。
② 杨舒：《我国首个农业通用大语言模型发布》，《光明日报》2024 年 8 月 2 日。
③ 黄晓慧：《人工智能训练师帮助学习模型识别"有用"信息——教人工智能读懂专业文件（新职业新故事）》，《人民日报》2024 年 8 月 27 日。
④ 《"AI 太炎 2.0"公众版发布 | 来自北师大的古代汉语 AI 智慧平台》，章黄国学微信公众号，https://mp.weixin.qq.com/s/mUGXwG6e-xXVj_064coxBg。

承中华优秀传统文化的使命担当。

国内首个端到端通用语音大模型心辰 Lingo 发布

据证券时报网报道①，9 月 5 日，国内首个端到端通用语音大模型"心辰 Lingo"正式发布。该模型开创了人机交互新方式，能够直接理解语音，捕捉语气、节奏和情绪，并进行语音回复，减少了信息处理过程中的损失。

我国古农文垂直领域大语言模型"齐民"发布

据新华网 9 月 20 日报道②，我国首个古农文垂直领域大语言模型"齐民"在京正式发布。该模型由农业农村部农业大数据重点实验室、中国农业科学院农业信息研究所联合湖北省图书馆等多家单位开发，具有强大的自然语言处理能力，可以精准解答古代农业种植、畜禽养殖、农田水利等方面的问题。

奇富科技亮相 INTERSPEECH 2024 大会

据央广网 9 月 26 日报道③，在希腊举办的 INTERSPEECH 2024 国际语音通信与信号处理顶级会议上，奇富科技发表了主旨演讲《Qifusion-Net：面向端到端多方言语音识别的分层自适应模型》，展示了中国语音技术的实力。演讲中推介了"QiFree"语音识别系统，该系统支持 20 余种方言识别，是国内金融行业内字错率最低的中文语音识别系统。

B 站上线自研大语言模型 日均支持数十万非中文稿件翻译

据新京报客户端消息④，9 月 26 日，哔哩哔哩董事长陈睿在公开演讲中分享了平台在 AI 技术领域的最新突破。B 站自主研发的 index 大语言模型已成功应用于 AI 字幕，支持中、英、日等近 10 种语言的实时翻译，准确率达到 90%。这项技术已覆盖站内海外内容、主播直播间以及海外用户观看中文内容等场景，日均处理数十万条非中文内容的翻译。

---

① 《国内首个端到端通用语音大模型心辰 Lingo 在外滩大会正式发布》，证券时报网，http://www.stcn.com/article/detail/1312475.html。
② 郁琼源：《我国古农文垂直领域大语言模型"齐民"发布》，新华网，http://www.news.cn/tech/20240920/a76e4fbe3c1144f386997d5102743446/c.html。
③ 《奇富科技亮相 INTERSPEECH 2024 大会 方言识别技术全球领先》，央广网，https://tech.cnr.cn/techph/20240926/t20240926_526918873.shtml。
④ 白金蕾：《陈睿：B 站已上线自研大语言模型，日均支持数十万非中文稿件翻译》，新京报客户端，https://m.bjnews.com.cn/detail/1727424686168588.html。

3D 场景大语言模型 Robin3D 实现新突破

据站长之家 10 月 15 日报道①，由中外高校联合研发的 3D 场景大语言模型 Robin3D 正式发布。该模型在五个常用的 3D 多模态学习基准测试中均取得了最佳的性能表现，标志着在构建通用 3D 智能体方向上的重大进步。

联想发布全新个人 AI 智能体 集成 Meta Llama 3 本地大型语言模型

据钛媒体 10 月 17 日报道②，联想在 TechWorld 大会上推出全新个人 AI 智能体 Lenovo AI Now。这款产品具备快速、安全的设备端处理能力，无须云服务即可进行内容生成和文档管理，可以帮助用户管理设备、提供查询服务等。此外，Lenovo AI Now 还拥有独立数据安全框架，能够保障用户隐私和数据安全。

南京高校教授团队推出"非遗"大语言模型

据《南京晨报》10 月 17 日报道③，南京大学与全国科学技术名词审定委员会"术语与翻译跨学科研究"基地、南京农业大学信息管理学院王东波教授团队共同推出全国首个非遗领域的大语言模型，助力非物质文化遗产的数字化保护与传承。

科大讯飞发布讯飞星火 4.0 Turbo 大模型

据红星新闻百家号消息④，10 月 24 日，第七届世界声博会暨 2024 科大讯飞全球 1024 开发者节开幕。本届盛会以"万物智联，生生不息——解放生产力，释放想象力"为主题，开展了一系列创意活动。其间，科大讯飞董事长刘庆峰发布讯飞星火 4.0 Turbo，将为讯飞翻译机、录音笔等系列产品提供 AI 技术支持。

正式版 OpenAI o1 上线

据澎湃新闻报道⑤，当地时间 12 月 5 日，OpenAI 启动为期 12 个工作日的直播活

---

① 《百万级鲁棒数据训练，Robin3D 3D 场景大语言模型新突破！》，站长之家，https://www.chinaz.com/ainews/12409.shtml。
② 《联想发布 AI Now 个人 AI 智能体，集成 Meta Llama 3 本地大型语言模型》，钛媒体，https://www.tmtpost.com/nictation/7286303.html。
③ 黄阳阳：《南京高校教授团队 推出"非遗"大语言模型》，《南京晨报》2024 年 10 月 17 日。
④ 《讯飞星火 4.0 Turbo 正式发布，重磅首发 11 项技术及应用，大模型迎来规模化应用落地时代》，红星新闻百家号，https://baijiahao.baidu.com/s?id=1813787664001758535&wfr=spider&for=pc。
⑤ 胡含嫣：《最智能语言模型！OpenAI 年末惊喜：正式版 o1 上线，还有每月 200 美元的 GPT 高级版》，澎湃新闻，https://www.thepaper.cn/newsDetail_forward_29566719。

动,首日即正式推出新的 OpenAI o1 模型,包括预览版 OpenAI o1-preview 和小版本 OpenAI o1-mini。

豆包大模型爆发:2C 与 2B 齐头并进 物理与虚拟齐头并进

据光明网报道[①],模型日均 tokens 从 1200 亿个增长到 4 万亿个,需要多长时间?豆包大模型给出的时间是 7 个月,数据背后是 2024 年中国大模型应用市场爆发式增长的缩影。12 月 18 日,火山引擎 Force 原动力大会在上海举办,豆包视觉理解模型正式发布,并以"厘"级的定价为企业提供极具性价比的多模态大模型能力。

谷歌拓展 Gemini AI 深度研究模式 支持中文等 40 余种语言

据 IT 之家报道[②],12 月 20 日,谷歌公司宣布 Gemini AI 深度研究模式实现重大升级,新增包括中文在内的 40 余种语言。目前,该模式已向 Google One AI 高级计划用户开放,为其提供强大的 AI 研究辅助能力。

GPT-5 因算力不足"难产"

据澎湃新闻报道[③],OpenAI 新一代人工智能项目 GPT-5 研发遭遇重大挑战。据悉,这个已开发超过 18 个月、耗资巨大的项目尚未达到预期目标。GPT-5 能够解锁新的科学发现,完成预约等日常任务,比其他 AI 模型出错更少,可见其强大能力。

OpenAI 发布更先进推理模型

据《科技日报》12 月 26 日报道[④],OpenAI 即将推出新一代人工智能模型 OpenAI o3,该产品在推理能力方面实现重大突破,展现出接近人类水平的复杂问题处理能力。这一进展使 AI 行业的竞争态势进一步升级。另外,OpenAI 还将推出一个轻量级版本,名为 OpenAI o3-mini。

---

① 战钊:《豆包大模型爆发:2C 与 2B 齐头并进,物理与虚拟齐头并进》,光明网,https://share.gmw.cn/tech/2024-12/20/content_37749873.htm。
② 胡渊:《安卓版谷歌 Gemini Live 将支持 40 多种语言,提供 AI 语音聊天功能》,IT 之家,https://www.ithome.com/0/800/365.htm。
③ 《OpenAI 被曝数据崩溃 GPT-5 难产,团队抢算力冲突激烈,Ilya 预言成真?》,澎湃新闻,https://www.thepaper.cn/newsDetail_forward_29732506。
④ 刘霞:《OpenAI 最新模型 o3 展现强大推理能力》,《科技日报》2024 年 12 月 26 日。

《英国医学杂志》：大语言模型有认知障碍？

据奇点网微信公众号 12 月 16 日消息①，有科学家试着给大语言模型测了一下蒙特利尔认知评估量表（MoCA），这是一种临床上经常用来检测认知障碍和痴呆早期迹象的简单测试。科学家给 GPT-4、GPT-4o、Claude 3.5、Gemini 1、Gemini 1.5 测了下 MoCA，最终仅有 GPT-4o 以 26 分勉强达标，其他大语言模型均未超过 25 分，表现出轻度认知障碍（MCI）的迹象。另外，科学家还发现，AI 也和人一样，年纪越大越容易出现认知问题，这些模型中版本越早的，MoCA 测试普遍表现越差。这篇论文发表在《英国医学杂志》上。

---

① 代丝雨：《BMJ：大语言模型有认知障碍？！神经病学家给 ChatGPT 等大语言模型做认知测试，发现它们几乎都有轻度认知障碍，版本越老越严重》，奇点网微信公众号，https://mp.weixin.qq.com/s?__biz=MzA4MjA2MDI5OQ==&mid=2659521745&idx=1&sn=fd46a6c1fe7f13559f5021b2ffd0d850&chksm=853f7cb81b87834e403aad536ccb6810513ab279b12524f078671def4594d65cdbe91951c0c8&scene=27。

二　语言智能应用

西藏举行藏汉双语智能语音产品新品发布会

据中国新闻网报道①，2月3日，"2024西藏自治区全民数字素养与技能提升行动之觉罗智能新品发布会"在拉萨举行。作为藏汉双语智能技术的研发者，觉罗数字研发的系列产品广泛应用于电信、教育、互联网等领域，为藏族人民带来了更加便捷、智能的生活体验，使藏语在现代科技的浪潮中焕发新机。

殷墟博物馆用数字技术全景式展现商文明

据《科技日报》报道②，2月19日，国家文物局在京召开新闻发布会，介绍了殷墟博物馆新馆有关情况以及殷墟甲骨文、商文明保护展示利用新进展。新馆设有特色沉浸式数字展，用新时代的表达方式呈现文物、文献、甲骨记载等。20余件商代珍贵文物通过裸眼3D技术在同一空间完美呈现，让人们多维度、立体化、沉浸式感受商文明和甲骨文魅力。

工商银行申请基于方言的业务辅助处理方法专利

据金融界网站3月11日报道③，中国工商银行股份有限公司申请一项名为"基于方言的业务辅助处理方法、装置及电子设备"的专利，公开号CN117672185A。该申请公开了一种基于方言的业务辅助处理方法、装置及电子设备，解决了相关技术中由方言难以理解导致的业务处理效率低的问题。

---

① 贡嘎来松：《西藏举行藏汉双语智能语音产品新品发布会》，中国新闻网，http://www.chinanews.com.cn/sh/2024/02-04/10159051.shtml。
② 胡漫缇、孙明源：《殷墟博物馆新馆2月26日开馆》，《科技日报》2024年2月23日。
③ 《工商银行申请基于方言的业务辅助处理方法专利，解决了相关技术中由方言难以理解导致业务处理效率低的问题》，金融界，https://finance.jrj.com.cn/2024/03/11075739794600.shtml。

腾讯公司取得文本分类专利 提升文本分类效率的同时保证分类准确度

据金融界网站4月2日报道①，腾讯科技（深圳）有限公司取得了一项名为"文本分类方法、装置、计算机设备和存储介质"的专利，公开号CN112100377B。该申请提供一种文本分类方法、装置、计算机设备和存储介质，能够提升文本分类的效率和准确度。

借力人工智能加速推进教育数字化转型

据中工网4月2日报道②，教育部举办数字教育集成化、智能化、国际化专项行动暨"扩优提质年"启动仪式。教育部启动人工智能赋能教育行动，推出4项具体行动，包括国家智慧教育公共服务平台当日上线"AI学习"专栏、推动国家智慧教育公共服务平台智能升级、实施教育系统人工智能大模型应用示范行动、将人工智能融入数字教育对外开放。

科大讯飞申请语音翻译专利

据金融界网站4月3日报道③，科大讯飞股份有限公司申请一项名为"语音翻译方法、装置、系统和翻译设备"的专利，公开号CN117808017A。该申请提供一种语音翻译方法、装置、系统和翻译设备，涉及语音处理技术领域。

工商银行申请基于手语翻译的交互方法专利

据金融界网站4月6日报道④，中国工商银行股份有限公司申请一项名为"基于手语翻译的交互方法、装置、设备、介质和程序产品"的专利，公开号CN117831130A。该申请提供了一种基于手语翻译的交互方法，可以应用于人工智能领域及金融技术领域。此外，该申请还提供了一种基于手语翻译的交互装置、设备、存储介质和程序产品。

---

① 《腾讯公司取得文本分类专利，提升文本分类效率同时保证分类准确度》，金融界，https://finance.jrj.com.cn/2024/04/02173140098440.shtml。
② 马晓娜：《借力人工智能加速推进教育数字化转型》，中工网，https://www.workercn.cn/c/2024-04-02/8208933.shtml。
③ 《科大讯飞申请语音翻译专利，实现对通话过程中的语音的实时翻译》，金融界，https://finance.jrj.com.cn/2024/04/03130040110735.shtml。
④ 《工商银行申请基于手语翻译的交互方法专利，可以应用于人工智能领域及金融技术领域》，金融界，https://finance.jrj.com.cn/2024/04/06115740133766.shtml。

Hand Talk：利用 AI 自动将文本和音频翻译成手语

站长之家 4 月 8 日文章指出①，Hand Talk 应用作为一项突破性创新，能够自动将文本和音频翻译成美国手语和巴西手语，为全球 4.66 亿名听障人士架起了沟通的桥梁。用户在应用中输入文本或语音，便可将其快速转换成手语。此外，Hand Talk 还提供 Hugo 和 Maya 两个虚拟翻译者，能够增加学习乐趣，帮助用户更好理解和学习手语。

AI 手机支持粤语同声翻译

据信息时报网报道②，4 月 9 日，中兴旗下努比亚推出努比亚 Z60 Ultra 摄影师版、努比亚 Flip、"5G+AI，一亿像素"的努比亚小牛。据悉，相关产品都支持全方位的 AI 手机体验，不仅能进行多种场景下的文字创作，还支持 AI 双向通话实时传译。

科大讯飞多语种技术 提供超 1 亿分钟公益服务

据大众报业·齐鲁壹点报道③，5 月 19 日迎来第三十四次全国助残日，本次活动以"科技助残，共享美好生活"为主题。同时，2024 年也是"听见 AI 的声音"关爱听障人士公益行动的第五年。科技助残行动持续升级，如讯飞听见 App 新增快捷卡片启动、听障模式文本对话等功能，通过多语种智能语音技术，让更多听障人士"看见"声音，共享美好生活，实现自身价值。

第一部人工智能长篇小说在沪发布

据金台资讯百家号 5 月 27 日消息④，作为国内首部 AI 主导的文学作品，《天命使徒》开创性地采用"国内大语言模型+提示词工程+人工后期润色"的方式完成。其中，人工智能与人工的比例为 7∶3。该小说于 2023 年 10 月开写，早于预期时间完成，体现了大模型技术的飞速发展。

---

① 《Hand Talk：利用 AI 自动将文本和音频翻译成手语》，站长之家，https://www.chinaz.com/2024/0408/1608634.shtml。
② 潘敬文：《AI 手机支持粤语同声翻译》，信息时报网，https://www.xxsb.com/content/2024-04/10/content_228164.html。
③ 《科大讯飞多语种技术，提供超 1 亿分钟公益服务》，大众报业·齐鲁壹点，https://www.ql1d.com/general/23823359.html。
④ 施晨露：《AI 写出百万字 第一部人工智能长篇小说在沪发布》，金台资讯百家号，https://baijiahao.baidu.com/s?id=1800195587820465613&wfr=spider&for=pc。

国家重点实验室发布 6 款藏语自然语言处理应用产品

据中国教育新闻网 5 月 27 日报道①，青海师范大学省部共建藏语智能信息处理及应用国家重点实验室"班智达"系列应用产品发布会暨成果转化签约仪式召开。实验室同时发布班智达翻译、班智达词典、班智达识别、班智达图译、班智达文献、班智达藏医 6 款应用软件。省部共建藏语智能信息处理及应用国家重点实验室主任赵海兴介绍，班智达翻译能够实现藏语文本的自动断句、分词，译文准确率高达 90% 以上。班智达词典具备模糊搜索和关键词联想功能，轻松实现藏汉语言的检索和文字的自动检测。

新型人工智能工具可翻译 200 种语言

据新华网 6 月 7 日报道②，"元"公司团队新研发的一种跨语言技术，能让基于人工神经网络的翻译模型学习如何利用已有的翻译高资源语言的能力来翻译低资源语言。该团队开发的 NLLB-200 在线多语言翻译系统可容纳 200 种语言，其能翻译的低资源语言的数量是高资源语言数量的 3 倍。但同时研究者表示，这一工具的误译情况仍有可能出现。

我国终身教育平台服务近 6000 万人次

据《人民日报》6 月 16 日报道③，国家开放大学终身教育平台自上线以来，累计服务来自 200 余个国家和地区的近 6000 万人次，注册用户突破 680 万人，为构建学习型社会提供了有力支撑。当前，终身教育平台学习资源总量突破 103 万个，用户累计学习时长 110 万个小时。另外，平台还开展了"能者为师""智慧助老"等专项行动，共享优质微课 8 万余门；通过"全民阅读、书香中国"线上学习活动专区，提供电子书 1 万余册；完成适老化与无障碍改造，确保全人群可及性。

---

① 莫青：《国家重点实验室发布 6 款藏语自然语言处理应用产品》，中国教育新闻网，http://www.jyb.cn/rmtzcg/xwy/wzxw/202405/t20240527_2111200868.html。
② 《新型人工智能工具可翻译 200 种语言》，新华网，http://www.news.cn/tech/20240607/be243edd3c494fb5ac9714ec784c76c57/c.htm。
③ 丁雅诵：《我国终身教育平台服务近 6000 万人次》，《人民日报》2024 年 6 月 16 日。

上海发布"语料运营平台1.0"

据界面新闻报道①，7月6日，"2024世界人工智能大会语料主题论坛"在上海成功举行。其间，多家机构联合推出"语料运营平台1.0"，该平台创新性地构建了"采、洗、标、测、用"五位一体的语料数据处理体系。近年来，为满足大模型发展需求，上海市采取了多项举措，包括成立大模型语料数据联盟、开放高质量语料资源、打造市场化运营的语料平台等。

AI翻译网文 实现降本增效

据青瞳视角百家号7月15日消息②，国内已有相关企业大规模使用AI翻译网文作品。翻译效率从日均十余章跃升至1000章以上，提升近百倍；通过建立专业词库人机配合，翻译成本平均降低90%。中国社会科学院文学研究所研究员陈定家指出，这一技术革新推动中国网文海外传播进入"全球IP共创"时代。AI翻译为中国网络文学"出海"提供了强有力的支撑。

港铁（深圳）4号线深圳北站上线智能终端

据深圳新闻网报道③，7月15日，港铁（深圳）4号线深圳北站正式上线多功能智能终端。该产品具有AI视觉识别定位技术，支持连接手机端"港铁深圳live+"小程序，能够同步实现AR与VR双重导航服务，为乘客解答关于路线指引、票务处理、站点及运营信息、乘车注意事项、周边推荐等各类问题，实现无障碍沟通体验。

华为发布通用编程语言"仓颉"

据南京大学微信公众号7月17日消息④，华为开发者大会日前发布自研"仓颉"编程语言，并推出HarmonyOS NEXT"仓颉"编程语言开发者预览版。"仓颉"编程语言具有原生智能化、天生全场景、高性能、安全等特点，是一款面向全场景智能化应

---

① 杨舒鸿吉：《上海发布"语料运营平台1.0"，可实现语料数据"采、洗、标、测、用"》，界面新闻，https://m.jiemian.com/article/11381128.html。
② 张恩杰：《AI翻译网文：效率提升近百倍，成本下降超九成》，青瞳视角百家号，https://baijiahao.baidu.com/s?id=1804643899605008265。
③ 董玉含：《AR/VR双重导航 AI语音提供服务 地铁4号线深圳北站上线智能终端》，深圳新闻网，https://www.sznews.com/news/content/2024-07/16/content_31085321.htm。
④ 《南大教授领衔研发！华为发布通用编程语言"仓颉"》，南京大学微信公众号，https://mp.weixin.qq.com/s?__biz=MzAxODAzMjQ1NQ==&mid=2707661214&idx=1&sn=01bb315cd608b5023bcb23337fd645e1。

用开发的现代编程语言。

云浮"粤智助"率先打造 AI 语音导办

据《云浮日报》8 月 5 日报道①，云浮市政务服务和数据管理局开创性地将人工智能语音导办与"粤智助"政府服务自助机有机融合，改善了群众的自助办事体验。该功能支持普通话和粤语，有效解决了服务事项查找慢、无工作人员指引及拼音打字困难等问题，适用于社保、医保、卫健等多个领域。

泰安市岱岳区推出医保"智能语音播报"服务

据闪电新闻百家号 8 月 8 日消息②，2024 年以来，泰安市岱岳区医保局率先在岱岳区道朗镇卫生院试点提供医保"智能语音播报"服务，随后这项工作迅速在全区铺开，覆盖辖区内 24 家定点医院及 402 家定点村卫生室。这项创新性的服务能够减少医院纠纷，帮助患者明明白白结算。

国家博物馆用数字技术"复活"古文字

据《北京日报》8 月 12 日报道③，国家博物馆作为首批"古文字与中华文明传承发展工程"协同攻关创新平台单位，集中发布 10 项新成果，展现近年来的数字化突破。包括通过数字化技术实现对铭文等关键信息的无损读取，并尝试制作文物数字化拓片；设计并投用多个古文字数据检索平台；拍摄古文字相关短视频和话剧，上新 50 余款古文字文创产品；开展古文字拓片系统整理和研究等工作。

中国 AI 科研成果持续创新高

据雷锋网报道④，当地时间 8 月 11 日至 16 日，国际计算语言学年会（ACL）2024 在泰国曼谷成功举办。清华大学、浙江大学、蚂蚁集团、小米等国内顶尖高校和企业均有论文被大会收录。最新研究数据显示，中国发表的高水平国际期刊论文数量和被引用次数均排在世界第一位，在人工智能最热门的领域中，中国在一半以上的研究领

---

① 陈旭、陈艳枝：《云浮"粤智助"率先打造 AI 语音导办》，《云浮日报》2024 年 8 月 5 日。
② 王迅：《泰安岱岳区：医保"智能语音播报"服务 让患者明明白白结算》，闪电新闻百家号，https://baijiahao.baidu.com/s?id=1806789694762844545&wfr=spider&for=pc。
③ 刘冕：《高冷古文字正在国博"活"起来》，《北京日报》2024 年 8 月 12 日。
④ 《中国 AI 科研成果持续创新高，多篇论文入选国际计算语言学年会 ACL2024》，雷锋网，https://www.leiphone.com/category/industrynews/rmIKm7eUSihNhsB0.html。

域领先美国。这些成果展现了中国在全球科研领域的地位日益重要。

东巴古籍智能翻译系统面世

据《云南日报》8月17日报道①，由华东师范大学与丽江师范学院组成的社会实践团队联合丽江市东巴文化研究院，成功研发东巴古籍智能翻译系统，初步实现东巴古籍的智能识别与翻译功能。丽江市东巴文化研究院院长和洁蕾指出，该系统展现了人工智能与多学科交叉的融合探索，有助于东巴古籍的保护、研究与利用。

湖南数字文博大平台发布

据新华网报道②，8月19日，数字文博平台"山海"App正式上线，通过自研算法采集文物信息，打破线下参观的时空限制，为观众打造"24小时不打烊的博物馆"。陕西历史博物馆等14家博物馆已签约"博物馆数智联盟"，将入驻"山海"App。据悉，该平台面向全球上线中、英、法、西、日、韩等六种语言版本，用户可以3D方式鉴赏文物、查看文物相关知识图谱、基于文物主体或元素进行二次创作。

中国机器人产业迎来黄金机遇期

据新华网报道③，8月21日至25日，2024世界机器人大会在北京隆重举行。本届大会由中国电子学会与世界机器人合作组织联合主办。来自全球169家企业的600余款新产品参展，其中60余款为首发新品，400余位中外专家共议机器人前沿技术。工业和信息化部副部长辛国斌表示，人工智能等前沿技术的融合创新正推动机器人技术和产品经历深刻的变革，产业链正在快速重塑。

中国日报客户端推出法语新闻智能服务

据中国日报网9月3日报道④，中国日报客户端推出法语新闻智能服务，助力提升国际传播效能。该服务依托人工智能翻译技术，能够实现专业化英文报道的瞬时语言转换。用户只需轻触屏幕，即可一键获取中国日报英文融媒体产品的法语版本，享受

---

① 李兴文、李铁成、和茜：《东巴古籍智能翻译系统面世》，《云南日报》2024年8月17日。
② 张格、刘芳洲：《湖南发布数字文博大平台 打造"24小时不打烊的博物馆"》，新华网，https://www.news.cn/info/20240822/ceb91fb5de534eab997df407e648894c/c.html。
③ 魏梦佳、郭宇靖、阳娜：《"共享智能新未来"中国机器人产业迎来黄金机遇期》，新华网，http://www.news.cn/info/20240827/fb0e9848e06746a49dd1c66594c9d698/c.html。
④ 《中国日报客户端推出法语新闻智能服务》，中国日报网，http://ex.chinadaily.com.cn/exchange/partners/82/rss/channel/cn/columns/h72une/stories/WS66d66faba310a792b3ab9fc8.html。

无缝衔接的阅读体验。

智源研究院发布中文互联网语料库 3.0

据新京报网站报道①，9 月 20 日，在 2024 北京文化论坛"文化潮流：新兴业态与技术融合"平行论坛上，智源研究院天鹰语言模型负责人刘广发布了中文互联网语料库 3.0（CCI3.0）。中文互联网语料库 3.0 数据量高达 1000GB，其高质量子集 CCI3.0 HQ 数据量达 498GB。该语料库具有规模庞大、来源广泛、标注精细、更懂中文等特点。

云南一批少数民族文字古籍首次"登上云端"

据新华网 9 月 22 日报道②，云南在古籍数字化保护领域取得重要进展，42 部民族文字古籍首次"登上云端"，内容涉及历史、文学、宗教、历算、绘画等多个领域，古籍文字涵盖彝文、傣文、东巴文、古壮字、方块瑶文、傈僳族音节文字等。另有 623 册云南本土古籍善本完成在线发布。公众可在"中华古籍资源库"网站在线浏览。

AI 赋能英语测试

据人民网 10 月 10 日报道③，多邻国英语测试（Duolingo English Test，缩写为 DET）峰会在北京举办，会上介绍了其在技术、院校认可、考试题型等方面的更新。据悉，DET 在题目生成、测试、评分等流程均使用了 AI 技术。以自适应考试模式为例，题目难度会根据测试者的答题水平而改变，每个考生遇到的题目都不同。

天翼电商申请数据处理方法和装置等专利

据金融界网易号 10 月 18 日消息④，天翼电子商务有限公司申请一项名为"数据处理方法和装置、存储介质及电子设备"的专利，公开号 CN118780350A。该申请公开了一种数据处理方法和装置、存储介质及电子设备，涉及数据处理技术领域、人工智能领域及其他相关技术领域，解决了相关技术中由只通过训练样本对文本模型进行训练

---

① 白金蕾：《智源研究院发中文互联网语料库 3.0，含 1000GB 高质量数据》，新京报，https://www.bjnews.com.cn/detail/1726805349168766.html。
② 许万虎、严勇：《云南一批少数民族文字古籍首次"登上云端"》，新华网，http://www.news.cn/local/20240919/1e37e6d1fbdc405eb38b5bbc4b764ace/c.html。
③ 周姝芸：《AI 赋能英语测试》，人民网，http://edu.people.com.cn/n1/2024/1010/c1006-40335919.html。
④ 《天翼电商申请数据处理方法和装置等专利，解决相关技术中确定文本摘要效率低的问题》，金融界网易号，https://www.163.com/dy/article/JEPBJRLD0519QIKK.html。

来得到文本模型的超参数导致的文本模型确定摘要信息的效率比较低的问题。

《七龙珠》声优事务所宣布 AI 声音战略

据 3DMGAME 10 月 8 日消息①，日本知名声优事务所青二宣布启动"多语言种类 AI 声优声音"战略计划。未来，日本原创的动漫和游戏中的日语配音，通过 AI 系统的处理，将为非日语地区的观众带来接近原声的声优体验，使观看更加流畅。

科大讯飞申请语音合成专利

据腾讯网 10 月 18 日消息②，科大讯飞股份有限公司申请一项名为"语音合成方法、装置、设备及存储介质"的专利，公开号 CN118782019A。该申请提供了语音合成方法、装置、设备及存储介质，能够有效提高语音合成的准确性。

大模型搜索引擎助力科研发展

据人民网 10 月 22 日报道③，人工智能技术的快速发展催生了一批基于大语言模型的搜索引擎。这些搜索引擎通过整理海量学术文献，能够帮助科研工作者提炼论文核心观点，实时追踪最新科研动态，提高科研工作效率。

2024 百度十大科技前沿发明发布

据齐鲁晚报网站报道④，10 月 22 日，百度正式发布"2024 百度十大科技前沿发明"，集中展示其在人工智能领域的技术突破。值得注意的是，百度已连续六年保持国内人工智能专利授权量第一，累计申请量达 19308 件、授权量 9260 件。

2024 百度十大科技前沿发明包括：基于生成式大模型的智能体技术、基于大模型高效训练框架的多模型协同进化技术、基于大模型和知识检索增强技术的多模态内容创编一体的智能系统、支持规模化的自动驾驶定位和车道级地图生成技术、面向大模型智能化的个性化记忆机制、基于大模型的超拟真数字人建模驱动与生成系统、基于

---

① 《〈七龙珠〉声优事务所宣布 AI 声音战略 悟空今后会说国语了》，3DMGAME，https://www.3dmgame.com/news/202410/3905731.html。
② 《科大讯飞申请语音合成专利，有效提高语音合成的准确性》，腾讯网，https://news.qq.com/rain/a/20241018A04R5R00?suid=&media_id=。
③ 刘霞：《基于大模型的搜索引擎给科研按下"加速键"》，人民网，http://finance.people.com.cn/n1/2024/1022/c1004-40344329.html。
④ 温婧：《人工智能专利授权量国内第一，2024 百度十大科技前沿发明发布》，齐鲁晚报网站，https://www.qlwb.com.cn/detail/24967973.html。

大模型的生成式商业检索系统、大模型数据飞轮技术、大模型高效推理技术和用户数据反馈驱动的检索生成系统。

百果园技术申请长文本翻译专利

据金融界百家号 11 月 28 日消息①，百果园技术（新加坡）有限公司申请一项名为"一种长文本翻译方法、装置、设备、存储介质及产品"的专利，公开号 CN119026610A。该申请提供了一种长文本翻译方法、装置、设备、存储介质及产品，能够有效减少翻译模型对文本处理长度的限制，提升长文本的翻译效果。

交通银行广东省分行申请智能应答专利

据金融界网站 12 月 2 日报道②，交通银行股份有限公司广东省分行申请一项名为"一种自助服务系统的智能应答方法、装置及产品"的专利，公开号 CN119049492A。该申请公开了一种自助服务系统的智能应答方法、装置及产品，该申请的方法为，在应答前先对语音信号进行窄带噪声特征提取处理，得到窄带噪声特征信息；而后基于此，识别语音信号中的窄带噪声频率；接着，可从窄带和宽带噪声两个方面进行语音去噪处理，即先进行宽带噪声的去除；然后，利用识别出的窄带噪声频率，进行窄带噪声去除，从而得到纯净的语音信号；最后，可基于纯净的语音信号进行智能应答，进而得出对应的应答结果。

语料"超级工厂"助力研发 多语言联盟实现"数""质"齐飞

据《南方都市报》12 月 3 日报道③，开源正成为人工智能发展的重要驱动力。大模型语料数据联盟推出"书生·万卷1.0"多模态语料库首个开源版本，自发布以来累计下载量已突破 149 万人次。上海交通大学清源研究院兼职研究员刘志毅指出，开源语料库的价值不仅体现在降低创新的门槛上，更关键的是它通过社区协作来提升数据质量。

---

① 《百果园技术申请长文本翻译专利，有效提升对长文本的翻译效果》，金融界百家号，https://baijiahao.baidu.com/s?id=1816923721670269468&wfr=spider&for=pc。
② 《交通银行广东省分行申请智能应答专利，提高语音应答的准确性》，金融界，https://m.jrj.com.cn/rss/yidianzixun/2024/12/2/45904832.shtml。
③ 袁炯贤：《语料"超级工厂"助力研发 多语言联盟实现"数""质"齐飞》，《南方都市报》2024 年 12 月 3 日。

多所高校发文规范 AI 写论文

据中国新闻网 12 月 4 日报道①,复旦大学发布《复旦大学关于在本科毕业论文（设计）中使用 AI 工具的规定（试行）》,详细规范了 AI 在毕业论文写作中的使用,明确了允许和禁止的使用范围。除复旦大学外,全国已有多所高校发文规范借助 AI 进行论文写作。

iEnglish 以数字赋能教育

据飞象网 12 月 5 日报道②,iEnglish 基于语言习得理论,提供近 3 万册英文原版图书和超 3 万分钟的视频及动画资源,为用户打造了有效输入输出练习的语言学习环境。这一创新的学习方式不仅颠覆了我们对传统英语学习的认知,更以其科学性和实用性引领新时代英语学习的潮流。

语联网申请基于动态路由的多语种机器翻译专利

据金融界网易号 12 月 5 日消息③,语联网（武汉）信息技术有限公司申请一项名为"基于动态路由的多语种机器翻译方法以及装置"的专利,公开号 CN119067135A。该申请提供一种基于动态路由的多语种机器翻译方法以及装置,应用于机器翻译技术领域。其中,所述方法包括:获取待翻译任务的待翻译源语言与待生成目标语言;基于所述待翻译源语言与所述待生成目标语言遍历翻译路由表,确定目标翻译路径。

"泰岳智呼"平台具备合成高度拟人化语音的技术能力

据同花顺财经 12 月 11 日报道④,投资者就神州泰岳旗下"泰岳智呼"AI 平台的语音合成能力提出询问,特别关注其是否支持圣诞老人等特色角色语音生成。

公司官方回应称:"泰岳智呼"平台采用自主研发的自然语言处理技术,已实现高度拟人化的语音合成功能。该平台能够根据需求定制包括特定角色在内的多样化语音

---

① 江晓晨:《多所高校发文规范"大学生借助 AI 写论文",边界在哪?》,中国新闻网,https://www.chinanews.com.cn/edu/2024/12-04/10330144.shtml。
② 《数字化教育赋能,iEnglish 打造英语学习新体验》,飞象网,http://www.cctime.com/html/2024-12-5/1698090.htm。
③ 《语联网申请基于动态路由的多语种机器翻译专利,能够整合现有机器翻译模型资源》,金融界网易号,https://www.163.com/dy/article/JIKS2IHF0519QIKK.html。
④ 《神州泰岳:公司运用自研的 NLP 自然语言处理技术,推出了"泰岳智呼"平台,该平台具备合成高度拟人化语音的技术能力》,同花顺财经,https://news.10jqka.com.cn/20241211/c664380879.shtml。

风格，满足不同场景的应用需求。

"中文视觉输入法"技术应用全球发布会在迪拜成功举行

据大众网报道①，12月12日，"中文视觉输入法"技术应用全球发布会暨2024国际中文传播智库论坛在迪拜"中国贸促"（阿联酋）文化创意展览会上成功举行。活动以"让中文走向世界 让世界了解中国"为主题，由中国国际贸易促进委员会指导，中漫数智科技（重庆）有限公司、深圳东学西渐文化传播有限公司、中国国机集团西麦克展览公司主办。发布会由中国国际文化交流中心主任吕晓光主持。

科大讯飞与博物馆跨界合作传承汉字文化

据中国青年网12月19日报道②，由科大讯飞旗下讯飞输入法苏州研究院携手中国文字博物馆等共同打造的《听见，看见：汉字里的中国文化》展览在重庆中国三峡博物馆正式开幕。本次展览将持续展出至2025年3月18日。

江苏启动高校人工智能赋能专业建设行动

据上观新闻报道③，12月25日，江苏省教育厅召开高校人工智能赋能专业建设行动新闻发布会，介绍《江苏高校人工智能赋能专业建设行动方案》。《新华日报》记者从会上了解到，接下来江苏将按照该行动方案加快人工智能理念、知识、方法和技术深度融入高等教育专业建设，打造一流"人工智能+"专业体系。

宜城市人民法院建成庭审语音方言识别系统

据澎湃新闻12月26日报道④，湖北省宜城市人民法院在智慧法庭建设中取得突破性进展。面对辖区内11个乡镇（街道）复杂的方言环境，该院创新引入方言语音识别系统，这是襄阳市首个应用方言识别技术的法院。语音方言识别系统能精准识别多种当地方言，实现庭审语音实时转写，大幅提升记录效率，有效解决"十里不同音"带

---

① 李耶耶：《"中文视觉输入法"技术应用全球发布会在迪拜成功举行》，大众网，https://www.dzwww.com/xinwen/jishixinwen/202412/t20241213_15246031.htm。
② 王海涵：《科大讯飞与博物馆跨界合作传承汉字文化》，中国青年网，http://wenhua.youth.cn/whyw/202412/t20241219_15720938.htm。
③ 杨频萍：《用好AI"催化剂" 助推高等教育综合改革，江苏启动高校人工智能赋能专业建设行动》，上观新闻，https://sghexport.shobserver.com/html/baijiahao/2024/12/25/1485120.html。
④ 《襄阳首家！宜城法院建成庭审语音方言识别系统》，澎湃新闻，https://www.thepaper.cn/newsDetail_forward_29761974。

来的记录难题。

北京新增 11 款完成备案的生成式人工智能服务

据光明网报道①，12月27日，北京市委网信办宣布新增 11 款已完成备案的生成式人工智能服务，累计完成 105 款生成式人工智能服务备案。

北京市委网信办公布最新一批通过备案的生成式人工智能服务名单，新增 11 款产品。至此，北京市已完成 105 款生成式人工智能服务备案，在规范 AI 产业发展方面走在全国前列。本次备案名单中，作为国内少数具备教育特性的备案大模型，超星集团汇雅大模型尤为引人注目。汇雅大模型具备文本生成、语言理解、知识问答和逻辑推理等多项核心能力，可实现 27 种教育场景的深度应用，利用 AI 赋能高等教育的专业建设与课程改革。

---

① 曾震宇：《北京新增 11 款完成备案的生成式人工智能服务 教育特性大模型位列其中》，光明网，https://digital.gmw.cn/2024-12/29/content_37766834.htm。

语言服务

  2024年，人工智能、大数据等前沿技术的深度融合，为语言服务注入了强劲动力，推动语言服务范围不断拓展和质量显著提升。

  行业语言服务呈现多元化、智能化的发展态势，为公共服务、教育、金融、医疗、法律等多个领域提供了坚实支撑。三亚市12345热线提供普通话、英语、韩语、俄语、日语5种语言服务；长沙县税务局第一税务所专门成立"双语服务"青年先锋队，为外籍纳税人提供精细化服务；深圳市罗湖区口岸组建了一支涉及英、法、德等各种外语专业的语言志愿服务队。多语种服务的普及，让不同语言背景的群众能够更加便捷地获取政府信息与服务。教育领域，语言服务助力教育资源均衡共享。中国国家智慧教育公共服务平台国际版上线780门课程，支持6种语言，为全球学习者打造了一个便捷的学习新空间。金融领域，中国电信和中国工商银行分别申请了语音识别和业务辅助处理相关专利，有效解决了粤语和普通话识别准确率低以及由方言导致的业务处理效率低等问题。医疗领域，医学术语的标准化与翻译，促进了国际医学交流与合作，提高了医疗服务的质量与效率。

无障碍语言服务取得新进展。深圳市检察院与残联联合推动全市地铁站盲文标识的规范设置，保障视障人士安全便捷出行；盲文版政府工作报告首次亮相全国人大会议；杭州市萧山区两会引入手语翻译，全区7500余名听障人士能够同步了解两会动态；株洲手之声远程视频手语翻译服务成为国家级标准，其服务系统覆盖全国，为聋人与听人之间搭建了高效的沟通桥梁；侵华日军第七三一部队罪证陈列馆、湖南博物院等场所分别安装手语翻译机或上线手语导览服务；中国工商银行申请的基于手语翻译的交互方法专利，为手语交流提供了智能化解决方案。

语言服务人才培养体系不断完善，培养方向日益多元化和专业化。中国残联和教育部明确提出到2025年实现特教教师培训全覆盖的目标；中国政法大学外国语学院举办"外语+法律"复合型人才培养高端论坛，推动学科融合发展；西南政法大学培养出首届法律手语本科生，拓展了公共法律服务人才的培养方向；华东交通大学外国语学院依托学校优势，培养面向交通行业的创新语言服务人才。

一　行业语言服务

天津国际语言服务中心揭牌　推动多元语言服务能力建设

据人民网报道①，天津国际语言服务中心于1月30日在天津外国语大学正式揭牌，由中国外文局翻译院、天津市委宣传部、天津市人民政府外事办公室和天津外国语大学联合共建。中心的设立是贯彻党的二十大精神和习近平文化思想的重要举措，旨在落实京津冀国际传播战略合作协议，加强国际传播能力建设，促进中外语言文化交流。中心将集语言翻译、人才培养、资源整合于一体，为天津建设社会主义现代化大都市提供语言服务支撑，提升城市语言服务的专业化、系统化水平。

中国国家智慧教育公共服务平台国际版发布　构建多语种全球学习空间

据新民晚报百家号1月30日消息②，中国国家智慧教育公共服务平台国际版在2024世界数字教育大会上正式发布，支持中文、英语、法语、西班牙语等6种语言，已上线课程达780门。该平台由教育部指导，面向全球学习者开放，秉持"3C"（联结、内容、合作）理念与"3I"（集成化、智能化、国际化）发展方向，致力于打造数字教育全球共享平台。平台提供公益学习服务，服务内容覆盖课程学习、技能提升等多个领域，为推进全球教育公平与中国教育国际化发展做出新贡献。

义乌发布多语种休市通知　打造包容型国际营商环境

据澎湃新闻报道③，2月5日起，义乌中国小商品城各市场群陆续进入春节休市期。义乌商城集团首次以中文、英语、西班牙语、韩语、阿拉伯语5种语言同步发布通知，

---

① 张桂贵、孙一凡：《天津国际语言服务中心在天津外国语大学正式揭牌》，人民网，http://tj.people.com.cn/n2/2024/0130/c375366-40732571.html。
② 陆梓华：《中国国家智慧教育公共服务平台国际版今发布 支持6种语言 上线780门课程》，新民晚报百家号，https://baijiahao.baidu.com/s?id=1789520370375547346&wfr=spider&for=pc。
③ 陆玫：《小商品城今起春节休市，"世界超市"义乌用五种语言发布通知》，澎湃新闻，https://www.thepaper.cn/newsDetail_forward_26259056。

服务于全球客商的沟通需求。负责人表示，多语通知已成为常态措施，平日也会通过微信群、社区网络等发布多语版本，确保信息通达。作为全球重要商品集散地，义乌正在不断优化语言服务机制，构建多语种友好型营商环境，提升城市的国际化治理水平与服务能力。

三亚12345热线实现24小时多语种服务 打造国际旅游语言通道

据《海南日报》2月12日报道①，三亚市12345政府服务热线实行全天候三班倒制度，为市民和游客提供普通话、英语、韩语、俄语、日语5种语言服务。热线每天受理大量群众诉求，涵盖衣食住行及城市管理等各类事项。为提高问题解决效率，三亚国际免税城与凤凰国际机场工作人员还轮流到热线大厅值班，协同应对游客需求。此项举措在保障群众权益、优化营商环境、提升国际旅游城市服务能力等方面发挥积极作用，体现了三亚建设国际化城市的语言服务水平。

中国电信研发多模型语音识别系统 提升粤语、普通话兼容性能

据金融界网站3月11日消息②，中国电信申请一项新型语音识别技术专利，旨在解决同一识别模型在处理粤语和普通话时准确率低的问题。该专利提出将语音类型划分为方言与普通话两类，分别匹配对应的语音识别模型，从而提高识别精准度。技术方案包括按帧处理语音信息、智能判别语音类别、调用专属模型识别等流程，提升在多语言、多方言环境下的智能终端响应效率。该成果有望广泛应用于语音助手、翻译工具、客服系统等语言服务场景中。

支付宝上线多语言翻译服务 优化外籍来华人员使用体验

据新京报百家号3月18日消息③，为提升境外来华人员移动支付便利性，支付宝App新增14种语言翻译功能，支持中文、英语、法语、德语、西班牙语、韩语、日语等共16种语言。该功能可覆盖打车、订酒店、公交乘坐、兑换汇率等典型使用场景，用户可在首页一键启用"翻译"工具，进行语音、文字或拍照翻译。此举为国际用户

---

① 李艳玫：《三亚12345热线二十四小时五种语言服务 细语暖人心 服务不离线》，《海南日报》2024年2月12日。
② 《中国电信申请语音识别专利，提高粤语和普通话的识别效果准确率》，金融界，https://finance.jrj.com.cn/2024/03/11082439795167.shtml。
③ 潘亦纯：《优化支付服务 支付宝为外籍来华人员试点上线16种语言翻译服务》，新京报百家号，https://baijiahao.baidu.com/s?id=1793867168285054795&wfr=spider&for=pc。

提供高效的语言服务支持，体现了数字支付平台多语种友好化转型的新趋势。

北京地铁试点多语种翻译机 提升地铁外语服务能力

据北京旅游网 3 月 28 日消息①，北京地铁在 8 座车站配置多语种翻译机，支持中、英、日、韩 4 种语言互译，以服务日益增多的外国游客。北京市交通委员会统一部署此项目，并同步开展站务人员英语专项培训。翻译设备目前部署在东直门、北京站、南锣鼓巷、环球度假区等重点车站，提升了地铁跨语言沟通能力，助力打造国际友好型公共交通环境，展现北京智慧城市与多语言服务能力建设的新成效。

传神语联获评 5A 级口译服务认证 行业标准化建设迈出新步伐

据南方企业新闻网 4 月 1 日报道②，在 2024 中国翻译协会年会现场，传神语联荣膺全国首批"5A 级口译服务认证"，成为语言服务行业标准化体系建设的重要标杆。该认证由中国翻译协会颁授，代表中国翻译服务行业的高等级标准，是对企业在服务质量、专业能力和技术创新方面的全面认可。传神语联深耕行业近 20 年，致力于推进语言科技融合发展，推动翻译服务向平台化、智能化转型。本次年会主题为"推动文明交流互鉴：译界的责任"，彰显翻译在国际传播与文化互通中的关键作用。

临床医学术语标准升级 推动"医学普通话"规范使用

据《健康报》4 月 8 日报道③，国家卫生健康委组织修订《常用临床医学名词（2019 年版）》，形成新版《常用临床医学名词（2023 年版）》，系统梳理 32 个临床专业的常用词语，明确中文正名、英文对照、曾用别名等内容，旨在实现医疗术语表达的统一化、规范化。长期以来，临床实践中存在对医学术语误用、滥用等问题，如将"脑梗死"误称"脑梗塞"等。新标准有助于提升医疗服务质量与沟通效率，促进医学信息在不同机构、医患之间的准确传递与共享。

---

① 《支持 4 国语言！北京地铁在 8 座车站试配多语种翻译机》，北京旅游网，https://www.visitbeijing.com.cn/article/4H9nSzO3UM2。
② 《全国首批！传神语联荣获语言服务行业"5A 级口译服务认证"》，南方企业新闻网，http://www.senn.com.cn/sx/2024/04/01/191001.html。
③ 孙惠：《医学"普通话"要用起来》，《健康报》2024 年 4 月 8 日。

长沙县税务局组建双语先锋队 助力外籍纳税人无障碍服务

据国家税务总局湖南省税务局官网 7 月 23 日消息①，长沙县税务局第一税务所成立"双语服务"青年先锋队，在个税汇算期间为外籍纳税人提供精准、智能、个性化的语言服务。服务团队由业务精湛、英语能力强的青年干部组成，通过面对面讲解、资料翻译、现场引导等方式，为外国纳税人答疑解惑，解决报税难题。该举措体现了税务机关在优化营商环境方面的主动作为，提升外籍人士的办税便利感和服务获得感。

昆明南站提供泰语服务 温暖旅客跨国出行旅程

据澎湃新闻 5 月 17 日报道②，D88 次中老铁路国际旅客列车抵达昆明南站后，两位泰国旅客因语言障碍滞留出站口，车站客运员李娜主动用流利泰语协助其完成换乘。李娜曾在大学学习泰语，现场为旅客讲解从昆明南站前往昆明站的多种交通方式，并协助购买动车票。她的贴心服务获得旅客连连称赞。该事件体现了基层交通服务人员在与国际旅客沟通中展现的语言素养和服务温度，为城市语言服务增添感人注脚。

广西推行双语监督机制 保障少数民族职工合法权益

据《工人日报》8 月 16 日报道③，广西河池市总工会 7 月起在民族县、民族乡全面推行"双语监督员"制度，聘请通晓劳动法律和本民族语言的工会干部，服务壮、瑶、仫佬、毛南族职工。监督员深入企业一线，以双语形式宣传高温津贴、劳动合同等政策，提升基层职工对权益的理解和维护能力。此项制度实现民族乡 100% 覆盖，推动劳动法律监督制度在民族地区落地生根，拉近工会组织与职工之间的联系。

罗湖口岸多语言志愿服务站挂牌 打造便民通关语言桥梁

据深圳新闻网 8 月 19 日报道④，随着出入境政策优化，罗湖口岸客流激增。为营造高效、友好的通关环境，深圳罗湖边检站联合区志愿者联合会及港人服务中心成立

---

① 陈锶锶：《长沙县税务局："双语"服务暖人心，外籍人士办税"零障碍"》，国家税务总局湖南省税务局官网，https://hunan.chinatax.gov.cn/cs/county/20190719068995/show/20240723017806。
② 张海杰、董京君：《泰国旅客没想到，昆明南站竟然还有泰语服务》，澎湃新闻，https://www.thepaper.cn/newsDetail_forward_27415804。
③ 庞慧敏、朱珍：《少数民族乡村来了劳动法律"双语监督员"》，《工人日报》2024 年 8 月 16 日。
④ 任建新、陈琪：《罗湖口岸多语言志愿服务站挂牌》，深圳新闻网，https://www.sznews.com/news/content/mb/2024-08/20/content_31159128.htm。

"罗湖口岸多语言志愿服务队",并将原"边检志愿服务站"升级为"多语言志愿服务站"。志愿团队涵盖英语、法语、德语等语种,成员包括语言专业民警、香港义工等。该服务站将以多语种沟通优势服务中外旅客,展现国门新风貌,助推融合发展。

深圳构建预警信息多语种发布机制 助力国际化城市安全管理

据《深圳商报》9月22日报道①,深圳市已建立多语种预警信息发布机制,在台风、暴雨等突发气象灾害中通过中英双语在户外屏幕滚动播报预警内容。该机制由深圳市气象局联合应急管理局制定,依托《深圳市灾害预警信息多语种发布管理指引》,覆盖预警模板适配、渠道发布、信息翻译全流程,提升城市公共安全信息国际化传播能力,为外籍人士提供实时、准确的语言服务保障。

浙大儿院联合少数民族教师团队 形成医疗翻译志愿服务机制

据《杭州日报》10月16日报道②,浙江大学医学院附属儿童医院与浙江大学联合组建"少数民族语言志愿者翻译团队",为来自民族地区的患儿家庭提供语言支持服务。项目源起于新疆小患者依依手术期间志愿者翻译的感人经历。团队成员多为少数民族大学教师和学生,具备专业医学与语言背景,未来将常态化为民族地区患儿搭建医患沟通桥梁,提升医院语言服务水平,传递人文关怀。

邮储银行西藏分行上线藏语服务 打通金融服务"最后一公里"

据新华网1月23日报道③,中国邮政储蓄银行西藏自治区分行拉萨吉日支行上线藏语手机银行服务,为藏族客户提供语言无障碍操作引导。银行工作人员主动讲解操作流程,帮助村民熟悉藏语界面与功能,提升金融服务的可达性与便利性。用户表示有了"家乡语言"支持后,办理业务更加顺畅。该举措是中国邮政储蓄银行深入推进民族地区普惠金融的重要实践,有效提升金融服务的温度。

深圳公安推出俄语阿语政务服务 拓展多语种办事通道

据《深圳晚报》报道④,深圳市公安局于11月15日上线俄语、阿拉伯语版本的政

---

① 董思:《中英双语!深圳打造预警信息多语种发布体系》,《深圳商报》2024年9月22日。
② 叶佳裕:《浙大儿院少数民族患者有了"家乡翻译"》,《杭州日报》2024年10月16日。
③ 田金文、吴金朋:《西藏邮储银行:双语服务破障碍》,新华网,http://tibet.news.cn/20241023/3e101cdde12744db9c4441cf135c7f0f/c.html。
④ 伊宵鸿、谢燕:《深圳公安上线两种外语办事服务》,《深圳晚报》2024年11月17日。

务服务页面，分别在"民生警务平台"及"i深圳"App开通使用，服务对象主要为在深外籍人士。此次上线的语言服务内容涵盖外国人在华永久居留、出入境证件、停留许可、旅行证件等多项业务，均支持在线预约。该平台是全国首个同时提供俄语和阿拉伯语的公安政务平台，配合此前已推出的英语服务，共同构建多语种友好型公安办事体系，提升城市治理的国际化水平与服务温度。

语联网申请多语种机器翻译专利 推动机器翻译智能路由升级

据金融界网易号12月5日消息[①]，语联网（武汉）信息技术有限公司申请名为"基于动态路由的多语种机器翻译方法以及装置"的国家发明专利，公开号为CN119067135A。该技术方案适用于多语言自动翻译场景，通过构建翻译路由表，实现对不同源语言和目标语言的智能路径匹配，从而提高翻译的精度与速度。该装置能够整合已有翻译模型资源，实现系统性动态调用，有望广泛应用于跨语言政务、教育、公共服务平台，提升我国自主机器翻译技术水平。

---

① 《语联网申请基于动态路由的多语种机器翻译专利，能够整合现有机器翻译模型资源》，金融界网易号，https://www.163.com/dy/article/JIKS2IHF0519QIKK.html。

二　无障碍语言服务

广东深圳：联合勘查地铁线路盲文标识设置情况

据《检察日报》1月6日报道①，深圳市检察机关与残联部门联合推进无障碍环境建设，对全市16条地铁线路的盲文标识进行现场勘查，进一步了解公益受损事实，保障视障人士出行安全。

特教学校2025年将普遍使用国家通用手语和盲文

据新华网1月11日报道②，中国残联办公厅、教育部办公厅联合印发通知，要求充分发挥特教学校的基础作用，加快在特教学校推广使用国家通用手语和国家通用盲文工作。通知明确到2025年，全国招收听力和视力残疾学生的特教学校普遍使用国家通用手语和国家通用盲文，师生掌握国家通用手语和国家通用盲文达到相应水平，并逐步在教育教学活动中规范使用。

杭州市萧山区：两会有了手语翻译

据杭州市萧山区人民政府官网消息③，1月19日，杭州市萧山区第十七届人大三次会议直播呈现暖心创新，直播画面设置手语翻译窗口，同步翻译会议内容。这是萧山区两会首次引入手语翻译，全区7500余名听障人士通过这个小小窗口，第一时间"听"到了两会声音。该服务是萧山无障碍环境建设的重要实践，有效保障了听障群体的政治参与。小小的翻译窗口，不仅传递了两会声音，更展现了城市温度。

---

① 甘晓辉、王栋华：《细节里的温暖》，《检察日报》2024年1月6日。
② 高蕾：《特教学校到2025年将普遍使用国家通用手语盲文》，新华网，http://education.news.cn/20240111/501c3b626c024b05a43d790dd930b77b/c.html。
③ 朱林飞、沈丽丽：《两会有了手语翻译》，杭州市萧山区人民政府官网，https://www.xiaoshan.gov.cn/art/2024/1/20/art_1229760785_59097510.html。

手语翻译 株洲标准将成为国家标准

据湖南日报·新湖南客户端消息①，1月10日，"湖南株洲手之声远程视频手语翻译服务国家级服务业标准化试点"项目正式获得批准。自2018年落户株洲以来，手之声平台已发展成全国性助残品牌。此次入选国家级试点，标志着"株洲模式"将升级为"国家标准"，为全国残健融合事业树立新标杆，切实提升了听障群体的社会参与度。

哈尔滨市侵华日军第七三一部队罪证陈列馆设置手语"翻译官"

据哈尔滨新闻网报道②，2月5日，哈尔滨市残联、哈尔滨市无障碍环境促进会与侵华日军第七三一部队罪证陈列馆，共同推出无障碍服务升级方案。在馆内服务中心配备手语翻译机，并在全馆配置远程呼叫手语翻译二维码。这些举措不仅消除了特殊群体的观展障碍，更通过科技手段实现了历史教育的全民共享，彰显了城市人文关怀的温度。

盲文版政府工作报告首次亮相全国人大会议

据新华网报道③，3月5日，十四届全国人大二次会议开幕，盲文版政府工作报告首次亮相全国人大会议。这份特殊报告由全国人大会议秘书处首次设立的盲文翻译小组制作。中国盲文出版社总编辑沃淑萍表示，盲文版大会文件为盲人代表履职提供了更好的保障，是对《无障碍环境建设法》的积极践行，更是全过程人民民主的生动体现。

沈阳苏家屯区设立全市首个婚姻登记手语工作站

据中国新闻网报道④，3月12日，沈阳市苏家屯区民政局与区残联共同在婚姻登记处设立全市首个婚姻登记手语工作站，旨在为听力、言语障碍人士提供更便捷的婚姻

---

① 凌光岚、言静：《手语翻译，株洲标准将成为国家标准》，湖南日报·新湖南客户端，https://m.voc.com.cn/xhn/news/202402/19401143.html。
② 魏欢、韩伟：《扫码即可呼叫客服！哈市这个陈列馆有了手语"翻译官"》，哈尔滨新闻网，https://www.my399.com/p/307973.html。
③ 史竞男、陈弘毅：《"看得见的幸福，摸得着的民主"——记盲文版政府工作报告首次亮相全国人大会议》，新华网，http://www.news.cn/20240305/30f665ab8bb94b03896fbc748cb3a6a2/c.html。
④ 赵桂华：《优化营商环境新举措 沈阳苏家屯区设立全市首个婚姻登记手语工作站》，中国新闻网，http://www.ln.chinanews.com.cn/news/2024/0312/341725.html。

登记服务。在辽宁省聋人协会副主席兼秘书长谢小楠的助力下，一对听障夫妻顺利办理婚姻登记。这一突破之举，不仅是婚姻登记工作的进步，也是践行社会公平与包容的生动实践。

积极提升老年语言服务水平

据《中国社会科学报》3月20日报道①，老年语言服务成为发展银发经济的一个关键领域。语言不仅是沟通的工具，更是连接老年人与社会的桥梁。它在提高老年人的生活品质、促进银发经济的发展以及实施积极应对人口老龄化的国家战略中，都扮演着至关重要的角色。我们应当培养积极的老龄观念，持续提高老年语言服务的质量，大力促进银发经济的健康发展，不断探索创新的发展模式和服务方法，为老年人打造更加便捷、舒适的生活体验。

深圳大学语委基地在云南开展儿童读写障碍公益服务

据人民网4月17日报道②，3月10日至17日，由深圳大学国家语言文字推广基地和复旦大学附属华山医院的13位专家组成的团队，前往云南文山丘北县，开展语言障碍儿童筛查与矫正的公益活动。该联合团队的医学专家主要由华山医院援滇医疗队的成员组成。医院党委副书记、神经外科第一党支部书记顾宇翔表示，专家通过与语言学科的合作，将前沿的文医交叉研究成果带给大众，为医学服务乡村振兴开辟了新的途径。华山医院将继续加强在丘北的支援工作，致力于实施健康中国行动，以提高我国少年儿童的健康发展水平。

小雷出行App为视障学生提供出行便利

据《长沙晚报》报道③，3月25日，湖南省特教中等专业学校与湖南雷升信息技术集团有限公司联合开展无障碍出行公益培训活动。本次活动为250余名视障学生提供小雷出行App实操培训，手把手教会学生根据语音提示使用该软件约车。这一活动为特殊群体融入社会提供了数字化解决方案，展现了企业社会责任与特殊教育的深度融合。

---

① 黄萍、邢丽华：《积极提升老年语言服务水平》，《中国社会科学报》2024年3月20日。
② 宋啸峰、张锐佳：《深圳大学语委基地赴滇开展儿童读写障碍公益服务》，人民网，http://sz.people.com.cn/BIG5/n2/2024/0324/c202846-40786445.html。
③ 贺文兵、彭欣琪：《手机App约车，听语音上下车》，《长沙晚报》2024年3月26日。

西南政法大学与复旦大学联合开展线上手语普法活动

据人民网 4 月 17 日报道①，西南政法大学"法律有声"工作室与复旦大学普法团队联合开展线上手语普法活动。活动聚焦"校园安全与防恐防暴"主题，通过专业手语演示法律术语，如"安全"的手语表达。重庆市高级人民法院刑二庭支委会委员李河强在线答疑，工作室师生提供实时手语翻译。活动吸引了来自内蒙古、四川、西藏等地 5 所普通学校和 16 所特教学校的 2 万余名学生参与。

多措并举为残障人士铺就"幸福就业路"

据人民网 4 月 22 日报道②，上海市残疾人就业服务中心成功举办残疾人专场招聘活动，12 家参会企业提供了近 50 个就业岗位，吸引了 130 名残疾人应聘者参与。活动现场不仅有志愿者和手语翻译人员提供协助，还创新性地引入了"云面试"系统。该智能平台具有视频面试、语音翻译、在线简历提交和文字语音转换等多项功能，为残疾人求职者创造了更加便捷的应聘渠道。

内蒙古无障碍影院让视障者"读"电影感受光明

据中国新闻网报道③，4 月 23 日，正值世界读书日，内蒙古自治区图书馆无障碍影院迎来 30 余位视障朋友。他们以一种特别的方式——聆听讲述者"读"电影，去捕捉影片中的光明与力量。所谓视障者"读"电影，实际上是通过听觉去感受电影的魅力。在主持人的生动讲述下，配合电影中的对白和音效，一幅幅画面、一段段剧情在视障朋友们心中缓缓展开。

北京大兴兴丰街道政务服务中心开展手语服务进窗口活动

据北青网网易号 5 月 10 日消息④，为推进无障碍环境建设，提高政务服务大厅无障碍服务水平，北京市大兴区兴丰街道政务服务中心窗口工作人员自发开展了"手语

---

① 晏红霞、韦婷：《西南政法大学：让听障学生"听"见法治之声》，人民网，http://cq.people.com.cn/n2/2024/0417/c365416-40813988.html。
② 《手语翻译、专场招聘会、云面试……多措并举为残障人士铺就"幸福就业路"》，人民网，http://edu.people.com.cn/n1/2024/0422/c1006-40220723.html。
③ 刘文华：《在内蒙古无障碍影院 视障者通过"读"电影感受光明》，中国新闻网，http://www.chinanews.com.cn/sh/2024/04-23/10204486.shtml。
④ 蒲长廷：《让政务服务"听"得见 大兴兴丰街道政务服务中心开展手语服务进窗口活动》，北青网网易号，https://www.163.com/dy/article/J1QS77UN0514R9KQ.html。

技能提升"自学活动。从基础人称代词到专业政务术语,如"行政、服务、业务、办理",再到日常服务用语"请问您需要办理什么业务""请出示您的身份证""慢走、再见"等,兴丰街道政务服务中心工作人员通过视频教学共同研习手语交流技巧。大家紧跟示范,反复练习,已初步掌握日常政务服务手语。

株洲将设置500个手语翻译服务点,为特殊群众提供"绿色通道"

据株洲新闻网5月10日报道[1],特殊群众曹某在办理业务时,得益于株洲市推出的"手语翻译聋听交流无障碍服务系统",在手语翻译员的协助下,实现了与工作人员的无障碍沟通。2024年,株洲市文明办与市残联计划在近200家政府机构和公共服务场所设立500个手语翻译服务点,构建远程视频手语服务示范网络,助力特殊群体平等、充分、便捷地融入社会生活。

湖南博物院手语导览服务上线

据华声在线报道[2],5月16日,一场意义非凡的捐赠仪式——"长沙马王堆汉墓陈列"手语导览系列视频捐赠活动在湖南博物院举行。湖南省残疾人福利基金会向湖南博物院无偿捐赠了32条精心制作的手语导览视频。这一贴心服务已在湖南博物院官方平台正式上线并投入使用。导览视频巧妙融合了多感官互动体验与图文动画等视觉元素,为历史文化的传播开辟了新途径。

上海首个数字手语人在嘉定"上岗"

据上观新闻5月21日报道[3],上海嘉定区行政服务中心携手区残联,共同探索无障碍数字服务新场景,创新推出了手语人智能(帮办)服务。这一服务为听障人士架起了无声世界与有声世界之间的桥梁,标志着上海市首个手语人智能(帮办)服务平台的诞生。除了手语人智能(帮办)服务外,针对老年人等表达需求不甚清晰的特殊群体,特别安排了"专属小嘉"提供全程陪同代办服务,搭建起一座安全、顺畅的沟通桥梁,让办事流程更加便捷高效,服务更加贴心温暖。

---

[1] 《有爱无碍 我市将设置500个手语翻译服务点》,株洲新闻网,https://www.zznews.gov.cn/news/2024/0510/441893.shtml。

[2] 刘玉锋:《湖南博物院手语导览服务上线》,华声在线,https://hunan.voc.com.cn/news/202405/22237497.html。

[3] 席凌燕:《上海首个数字手语人在嘉定"上岗"!》,上观新闻,https://sghexport.shobserver.com/html/baijiahao/2024/05/21/1328352.html。

山东首家语言类残疾人纠纷调解工作室成立

据半岛网报道①，7月11日，莱西市语言类残疾人纠纷调解工作室在莱西市一站式矛盾纠纷调解中心正式挂牌成立。据悉，这是山东省内首个专为语言类残疾人设立的纠纷调解工作室。该工作室建立了一套多元解纷机制，聘请了4位特邀调解员与2位专业手语翻译，旨在为语言类残障人士提供无障碍的沟通环境及调解服务。

"手语界的《新华字典》"将加入更多新词与方言

据《杭州日报》报道②，7月11日至14日，一场聚焦通用手语推广与应用的研讨会在杭州拉开帷幕。来自国家手语和盲文研究中心、中国聋人协会手语翻译委员会，以及陕西省聋协、内蒙古自治区聋协和浙江省内各市手语服务机构的80余位专家与工作人员齐聚一堂，共同探讨手语普及之道，并对国家通用手语词库进行了重要补充。

广饶县人民医院开展听力言语残疾人无障碍信息服务平台推广活动

据大众网7月19日报道③，广饶县人民医院于院内精心组织了一场"齐鲁手语在线"无障碍信息平台的推广与应用宣传活动。"齐鲁手语在线"作为山东省残联专为听力、言语残疾人量身打造的远程在线可视化交互服务平台，依托远程视频技术，为这一特殊群体提供政策咨询、日常生活场景辅助等全方位手语翻译服务。手语翻译人员的实时在线视频服务有效实现了听力、言语残疾人与外界的无障碍可视化交流，助力他们跨越沟通障碍，维护自身合法权益。

乌海市首台手语双屏翻译设备启用

据《乌海日报》7月31日报道④，为有效破解听障群体在办理业务过程中遭遇的沟通难题，乌海市海勃湾区政务服务中心积极推进无障碍环境优化升级，特别引入了"爱之声"手语双屏翻译设备，为听障人士提供更加流畅的咨询服务与便捷的办事体验。海勃湾区政务服务中心工作人员张园表示，当前，"爱之声"手语双屏翻译设备已

---

① 尹彦鑫：《为特殊群体提供法律服务与保障 山东首家语言类残疾人纠纷调解工作室成立》，半岛网，http://news.bandao.cn/a/1720780631217078.html。
② 温欣欣：《"手语界的〈新华字典〉"将加入更多新词与方言》，《杭州日报》2024年7月12日。
③ 孙淑娟：《广饶县人民医院开展听力言语残疾人无障碍信息服务平台推广活动》，大众网，https://dongying.dzwww.com/jk/202407/t20240719_14520538.htm。
④ 段维娜：《我市首台手语双屏翻译设备在海勃湾区政务服务中心启用》，《乌海日报》2024年7月31日。

实现听障群众、窗口工作人员与手语教师三方的即时互动，成功打破语言交流障碍，促进顺畅无阻的沟通。

用科技扫除残疾人生活障碍

据《科技日报》报道[①]，8月28日，国家无障碍环境展示馆正式对外开放。踏入展示馆，观众仅需通过简单的手势指令，即可轻松完成手机拍照。无论是聚焦精美的展品，还是捕捉展厅的环境，内置AI大模型的导览系统均能迅速且精准地识别拍摄对象，并生成详尽的描述。

国内首款无障碍盲文键盘问世

据京报网8月28日报道[②]，这款长度仅19厘米的键盘，配备了15个凸起的按键与3个圆形按钮，相较于常规键盘显得更为小巧精致，为视障群体带来了前所未有的使用便利。这是北京联合大学特殊教育学院近20名师生团队自主研发的国内首款无障碍盲文键盘，他们赋予了它一个寓意深远的名字——"触手可及"。在近期落幕的中国国际大学生创新大赛（2024）中，该项目凭借其创新性与实用性，在北京赛区"青年红色筑梦之旅"赛道上脱颖而出，荣获一等奖。

黑龙江省首个无障碍诉讼服务中心建立

据黑龙江新闻网9月24日消息[③]，在哈尔滨市残联的支持下，香坊区法院在全省范围内率先建成无障碍诉讼服务中心，创新性地推出"一站式"诉讼服务模式，以司法的人文关怀，为诉讼活动铺设了一条畅通无阻的"无碍"之路。一位听障体验员在咨询台工作人员的悉心引导下，借助屏幕手语翻译服务，就立案等关键环节进行了详尽咨询，全程沟通无碍、体验流畅。

河北多地12345热线开通手语视频服务

据《河北日报》9月25日报道[④]，为了更好地满足听障群体使用热线服务的需求，

---

① 吴叶凡：《用科技扫除残疾人生活障碍》，《科技日报》2024年8月29日。
② 任册：《国内首款无障碍盲文键盘问世，由北联大特教学院近20名师生研发》，京报网，https://news.bjd.com.cn/2024/08/28/10881613.shtml。
③ 《香坊区法院建成无障碍诉讼服务中心 全省首个！设置数字导盲系统 轮椅求助按钮 手语翻译设备》，黑龙江新闻网，http://epaper.hljnews.cn/shb/pad/con/202409/24/content_202880.html。
④ 米彦泽、孙青：《手语"接听"热线，让听障人士被"听"见》，《河北日报》2024年9月25日。

河北省数据和政务服务局与省残联携手合作，在"河北12345"微信小程序中特别增设了手语视频服务功能。这一创新性的服务模式，已成功获得中国残联"12345热线无障碍服务"试点的批准，并在省级层面以及保定、沧州、邯郸三市的12345热线服务中率先进行试点应用。

株洲市石峰区在公共服务场所配备手语翻译牌

据株洲新闻网10月21日消息①，株洲市石峰区积极行动，在株洲市二医院、石峰区政务服务中心等共计100个公共服务场所全面配置了手语翻译牌，助力盲人群体顺畅就医、高效办事。手语翻译牌不仅提供扫码服务，还配备了人工引导，确保聋人朋友能够轻松接入手语翻译聋听交流无障碍系统。该系统能够精准翻译手语，有效架起了聋人朋友与公共服务场所工作人员、志愿者之间的沟通桥梁。

三名听障大学生开发手语教学App荣获"移动应用大赛"最具创新奖

据北青网网易号11月24日消息②，由苹果公司与浙江大学携手举办的2024年"移动应用大赛"年度总决赛在浙江大学圆满收官。北京联合大学三位听障学生共同研发的AI手语动作教学App——"妙手"，凭借其卓越的创新性与社会责任感，荣获了最具创新奖与社会责任奖两项殊荣。

盲文版国歌规范发布

据中华网12月3日报道③，新颁布的《〈中华人民共和国国歌〉国家通用盲文方案》详细规定了视力残疾人在奏唱国歌时所使用的五线谱与简谱书写标准。这一规范的出台，不仅有助于视力残疾人在奏唱国歌时实现动作的规范化、统一化，更彰显了仪式的庄重性，使他们能够更深刻地领略国歌的旋律之美与歌词之韵。

---

① 刘铮：《株洲市石峰区：100个手语翻译牌 让沟通无障碍》，株洲新闻网，https：//www.zznews.gov.cn/news/2024/1021/451400.shtml。
② 温婧：《三名听障大学生开发手语教学App荣获2024"移动应用大赛"最具创新奖》，北青网网易号，https：//www.163.com/dy/article/JHP13N590514R9KQ.html。
③ 《盲文版国歌规范发布 助力视力残疾人爱国教育》，中华网，https：//news.china.com/socialgd/10000169/20241203/47691656.html。

三 语言服务人才培养

2025年力争实现特教教师培训全覆盖

据《北京日报》1月16日报道①，2025年起，高等学校招生考试（单考单招及全国统考）和各地盲校高中（职业中专）国家级考试盲文试卷将统一采用国家通用盲文印刷。中国残联和教育部明确，加快在特殊教育学校推广国家通用手语和盲文，力争2025年实现特教学校教师培训全覆盖。特教学校要将国家通用手语和盲文纳入校本课程及教师基本功要求，并在校园集体活动和环境中规范使用。招聘特教教师时，应将逐步掌握国家通用手语和盲文作为入职条件之一，并纳入年度考核指标。招收听障学生的学校要组织师生学习国家通用手语版国歌、共青团团歌、少先队队歌等。

优化中国对外话语体系 提升人才智能化素养

据《重庆政协报》3月7日报道②，全国政协委员、四川外国语大学校长董洪川提出，应优化外语人才培养体系，调整培养规格、口径与目标，引入人工智能相关核心课程，推动教材智能化转型，提升现有外语人才智能化素养。他还建议，面向未来15—30年的社会经济发展需求，制定外语专业人才培养新"国标"。在教学方法和模型上，董洪川建议搭建智能化教学平台，建设基础资源库、数据库，研发智能化教学工具，实现教学方法、模式、手段全面智能化升级。

我国翻译人才规模持续扩大

据《光明日报》报道③，3月30日，2024中国翻译协会年会在湖南长沙召开。会议期间发布了《2024中国翻译行业发展报告》和《2024全球翻译行业发展报告》。报告显示，截至2023年底，我国翻译人才总数达642万人，相较于2022年，翻译人才总

---

① 《2025年实现特教教师培训全覆盖》，《北京日报》2024年1月16日。
② 程卓：《董洪川委员：大力培养构建中国对外话语体系人才》，《重庆政协报》2024年3月7日。
③ 赵嘉伟：《我国翻译人才规模持续增长》，《光明日报》2024年3月31日。

数增长了6.8%，我国翻译人才规模呈现持续扩大态势。

"外语+法律"复合型人才培养高端论坛举行

据《法治日报》6月5日报道①，在中国政法大学外国语学院建院三十周年庆祝大会暨"外语+法律"复合型人才培养高端论坛上，中国政法大学外国语学院党委书记李国强表示，三十年来，学院始终坚守"中外并蓄、德业兼修"的院训，秉持开拓进取的精神，致力于构建"外语+法律"融合发展的教育模式，在人才培养、专业建设及学科发展方面取得了显著成就，得到了学界和业界的高度认可。

西南政法大学开展"法律+手语"培训实验班

据《光明日报》6月11日报道②，自2020年起，西南政法大学每年从本科新生中选拔40名学生进入实验班，开展"法律+手语"系统学习，选拔遵循自愿报名、择优录取原则。学校党委书记樊伟指出，全国有2700万名聋哑人，为完善现代公共法律服务体系，需培养法律手语专业人才。校长林维表示，学校将拓展公共法律服务人才培养方向，探索并总结新模式，以满足社会需求。

华东交大外国语学院面向交通行业培养创新语言服务人才

据《中国教育报》7月10日报道③，近年来，华东交通大学外国语学院秉持"立德树人、服务需求、提高质量、追求卓越"的办学理念，依托学校交通学科优势，以交通领域语言服务人才需求为导向，致力于提升学生思政素养和职业翻译能力。学院创建了涵盖翻译教学、科研、实践及第二课堂的特色发展平台，与企业共建优质课程群，开发校本教材，多元化培养专业师资，并精准开展实习实践项目。

2024·海南国际语言服务产业与人才发展论坛在海口开幕

据中国日报网报道④，11月15日，"2024·海南国际语言服务产业与人才发展论坛"在海口美兰温德姆花园酒店隆重开幕，成为行业关注的焦点。本次论坛由海南省外事办公室指导，海南省翻译协会、中国英汉语比较研究会语言服务研究专业委员会、

---

① 黄洁：《"外语+法律"复合型人才培养高端论坛举行》，《法治日报》2024年6月5日。
② 张国圣：《全国首届法律手语本科生毕业》，《光明日报》2024年6月11日。
③ 陆秀英、单伟红、李星：《面向交通行业 培养创新语言服务人才》，《中国教育报》2024年7月10日。
④ 陈博文：《2024·海南国际语言服务产业与人才发展论坛在海口开幕》，中国日报网，http://ex.chinadaily.com.cn/exchange/partners/82/rss/channel/cn/columns/j3u3t6/stories/WS673745a6a310b59111da3b51.html。

海南师范大学国际语言服务学院、海南外国语职业学院以及海南旅投旗下的海南南海会务有限公司联合主办,由南海会务具体承办。同时,北京语言大学国家语言服务出口基地、海南大学外国语学院、广西民族大学外国语学院、琼台师范学院等多家单位给予了大力支持。

语言教育和国家通用语言文字推广

2024年，我国语言教育事业与现实生活紧密结合，国家通用语言文字推广工作不断深化，取得了显著成效。

语文教育改革不断深化，学科育人功能不断强化。多地小学一年级举行汉语拼音拼读比赛，落实"双减"政策；教育部印发《关于进一步加强中小学规范汉字书写教育的通知》，筑牢学生综合素质之基；教育部发布2024年全国高考语文试题评析，紧紧围绕为党育人、为国选才的使命担当，关注学生对新时代的思考；第二届"典耀中华"阅读大会暨第六届中华经典诵写讲大赛启动，推进中华经典进万校、润万家；"一字千金"两岸青少年汉字竞赛小程序上线，两岸青少年得以跨越地域共同学习，也进一步减少了两岸在语言文字使用上的差异，促进文化认同与融合。

外语教育结合具体实际需求，进一步深化改革创新。大中小学外语教育一体化建设联盟成立，探索形成中国特色的大中小学贯通的创新人才培养机制；南开大学助力乡村外语教学研究，教育部教学科研一体化外语教学研究河北省河间市虚拟教研室成果应用基地在北司徒初级中学揭牌，该虚拟教研室首次在乡村中学落地；托福和 GRE 考试向中国考生推出新服务；首届全军军事翻译挑战赛在国防科技大学外国语学院落幕，推动国防语言能力建设，挖掘高素质军事外语人才；北京高中合格性考试修订方案发布，外语考试时长缩短为 90 分钟，自 2025 年开始实施。

国家通用语言文字推广工作成果丰硕，2025 年全国普通话普及率将达 85%。第 27 届全国推广普通话宣传周活动，以"加大推普力度，筑牢强国语言基石"为主题，各地积极响应、精心策划，活动与庆祝新中国成立 75 周年相结合，形式多样。民族地区大力深化推普攻坚行动。新疆开发的国家通用语言文字智能学习软件获 87 万农牧民下载注册；内蒙古锡林郭勒盟国家通用语言文字达标校（园）建设率达 100%；西藏举办第二届青少年铸牢中华民族共同体意识主题演讲大赛；全国人大教科文卫委到桂开展国家通用语言文字法修订专题调研；云南省政协围绕全面推广普及国家通用语言文字协商建言；南疆语文教研中心在阿克苏揭牌成立。

一 语文教育

扬州大学推出"汉字里的中国节"微课 融合汉字与节庆文化

据扬州网2月26日报道①,扬州大学文学院经典传习社"寻'字'中国"实践团结合学科专业,围绕春节、元宵节等传统节日制作了"汉字里的中国节"系列微课,实现汉字与节日文化的深度融合。团队还设计了富有创意的节日文创形象,如灯笼上的"年"字纹样和"元"字领结等,将古文字巧妙融入形象设计之中,展示了独特的审美价值与文化魅力。

黄花春代表呼吁加强中小学书法教育 建议设为必修课程

据腾讯网3月4日消息②,全国人大代表、广西崇左市高级中学副校长黄花春建议将书法课纳入中小学必修课程,系统加强汉字书写教学。她指出,当前书法教材不统一,课程内容缺乏系统性,难以全面提升学生书写能力与审美素养。她呼吁加强师资建设、统一教材内容,让学生在学书法的过程中坚定文化认同,全面提高语文综合素养。

徐旭东委员建议拼音教学"慢工出细活" 减轻教育负担

据人民网3月5日报道③,全国政协委员、华中师范大学教授徐旭东表示,拼音教学应注重科学安排,避免"速成"教学方式。他认为,拼音是查字和自学的基础工具,应与语文教学同步推进,分阶段实施、逐步掌握,以提升儿童语言学习效果,缓解家长教育焦虑,实现拼音学习的扎实推进与终身受益。

---

① 乔云、汪世楠、张辰奕:《扬大学生打造"汉字里的中国节"微课》,扬州网,http://edu.yznews.com.cn/2024-02/26/content_7637734.htm。
② 出进:《专访全国人大代表、广西崇左市高级中学副校长黄花春:建议将书法课纳入中小学必修课程》,腾讯网,https://news.qq.com/rain/a/20240304A08QUU00。
③ 周倩文:《徐旭东委员:建立更符合儿童特点的拼音教学模式》,人民网,http://hb.people.com.cn/n2/2024/0305/c194063-40764812.html。

杨朝明代表建议设中华优秀传统文化必修课 推动文化育人

据中国民主促进会网站 3 月 9 日消息①，全国人大代表、山东大学儒学高等研究院特聘教授杨朝明在 2024 年全国两会上建议，在各级学校设立中华优秀传统文化必修课，并完善配套政策支持。他提出应设立专门机构，编制教材，配备专职教师，并与学校整体教育体系有机融合，在减负基础上实现"系统完整、持续深入"的文化育人目标，帮助学生理解中华文明，增强文化自信。

香港优化普通话教师语文能力要求 提升教学质量

据新京报网站 4 月 3 日报道②，香港特区政府教育局公布，自 2024—2025 学年起，普通话科教师须通过普通话水平测试，成绩达到二级甲等或以上，并在"课堂语言运用"评核中达标。该政策旨在提升教师语文能力，保障课堂教学质量。香港自 2000 年起实施语文能力标准政策，20 余年来推动教师语言素质持续提升，此次优化举措是经验基础上的进一步完善与强化。

"典耀中华"阅读大会启动 推动中华经典融入教育主阵地

据教育部官网消息③，第二届"典耀中华"阅读大会暨第六届中华经典诵写讲大赛于 4 月 11 日在雄安新区举行启动会。大会由教育部、国家语言文字工作委员会主办，旨在落实党的二十大精神，强化国家通用语言文字推广，服务教育强国与文化强国战略。教育部副部长、国家语言文字工作委员会主任陈杰在致辞中指出，要坚持以习近平文化思想为指导，全面推进"中华经典诵读工程"，推动中华经典进万校、润万家，弘扬中华优秀传统文化。活动设置读书行动、经典诵写讲展示等内容，为青少年提供多元化阅读与表达平台。

全国语言文字应用能力与传统文化教育大会召开 探索融合创新路径

据央广网 5 月 1 日报道④，全国语言文字应用能力与传统文化教育大会在福建武夷

---

① 赵克：《全国人大代表杨朝明：建议学校设置中华优秀传统文化必修课》，中国民主促进会网站，https://www.mj.org.cn/mjfc/mtjj/202403/t20240309_284786.htm。
② 徐彦琳：《香港优化教师语文能力要求，普通话科教师须达到二级甲等或以上成绩》，新京报，https://www.bjnews.com.cn/detail/1712116577169757.html。
③ 《第二届"典耀中华"阅读大会暨第六届中华经典诵写讲大赛启动会举办》，教育部官网，http://www.moe.gov.cn/jyb_zzjg/huodong/202404/t20240412_1125168.html。
④ 《全国语言文字应用能力与传统文化教育大会在武夷山举办》，央广网，https://www.cnr.cn/fj/wh/20240501/t20240501_526690909.shtml。

山举办。大会聚焦语言教育与传统文化融合，设有大学之道、典耀中华朗诵吟诵、书法中国作品展三大专场，探讨现代教育体系中语言能力与文化素养并重的育人机制。来自全国各地的教育专家、语文教师及学者围绕经典教育、论文写作、语言表达与德育渗透等课题展开交流，展示教育界在传统文化传承中的理论探索与实践创新。

第四届中国语文教育高端论坛举行 探讨"双新"背景下语文教改

据中国教育报百家号消息[①]，4月27—28日第四届中国语文教育高端论坛暨"双新"背景下课堂教学变革研讨会在北京师范大学附属中学举行。此次论坛由北京师范大学主办，围绕如何在新课程、新教材背景下开展语文教学改革展开深入研讨。专家学者通过专题报告、课堂观摩、教师评课等多种形式，助力一线教师准确理解"双新"理念，掌握教学方法，破解语文教学实践难题。论坛为基础教育语文教师提供了理论指导与实践参考，推动语文课堂教学走深走实。

广州举办语文教育论坛 推进中华优秀传统文化融入教学

据中国社会科学网报道[②]，广州大学于5月18日举办首届语文教育论坛暨中华优秀传统文化与语文教学研讨会，聚焦传统文化在语文课堂教学中的传承路径。论坛由广州大学主办，广州市教育研究院协办，联合多所高校和中学语文研究机构共同承办。与会专家围绕中华文化在教材中的呈现与阐释、教学设计与方法革新等内容进行交流，提出构建"文化根基深厚、教学方法创新"的语文教育体系，助力基础教育课程内容体系和育人模式改革深化。

教育部发布高考语文试题评析 强化价值引领与思维训练

据新京报网站6月7日报道[③]，2024年全国高考语文科目命制全国甲卷、新课标Ⅰ卷、新课标Ⅱ卷三套试卷，突出思政引领与综合素养融合导向。试题以习近平新时代中国特色社会主义思想为统领，紧扣党的二十大精神，贯彻"为党育人、为国选才"核心理念，体现语言能力、文化素养、思维品质与创新精神的多维考核目标。试题设

---

① 焦以璇：《第四届中国语文教育高端论坛举行》，中国教育报百家号，https://baijiahao.baidu.com/s? id=1798287833771163733&wfr=spider&for=pc。
② 李永杰、广大宣：《广州大学举办首届语文教育论坛暨中华优秀传统文化与语文教学研讨会》，中国社会科学网，https://www.cssn.cn/jyx/jyx_xskx/202405/t20240529_5755366.shtml。
③ 李忆林子：《教育部发布2024年全国高考语文试题评析》，新京报，https://www.bjnews.com.cn/detail/1717741733129793.html。

计注重引导学生立鸿鹄志、练真本事、勇担大任，推动高考改革与基础教育教学深度衔接。

"一字千金"小程序上线 推动两岸青少年汉字文化交流

据《海西晨报》7月29日报道①，"一字千金"两岸青少年汉字竞赛小程序上线。作为2024海峡两岸汉字文化系列活动重要板块之一，该活动通过数字化形式开展"挑错字""成语接龙"等趣味闯关竞赛，激发青少年学习汉字的兴趣。主办方表示，本次竞赛不仅是语言知识的比拼，更是文化认同与情感交流的重要平台，有助于减少两岸语言文字使用差异，推动青年群体在汉字文化中建立共同的精神纽带。

中华经典诗文诵读大赛台湾赛区总决赛举行 弘扬中华语言之美

据中国新闻网8月4日报道②，2024海峡两岸暨港澳地区中华经典诗文诵读大赛台湾赛区总决赛在台北举办，20余位参赛者经过激烈角逐，评选出少儿组与成人组各项奖项。本项赛事多年来致力于中华语言艺术推广，承办单位台湾中华传媒文化总会表示，将持续推广中华诗文朗诵与写作活动，鼓励更多台湾青少年亲近中华文化，提高语言表达能力，增强文化认同与传承意识。

"为你诵读"杯全国总展演举办 彰显青少年语言艺术素养

据中国新闻网报道③，第八届"为你诵读"杯全国青少儿课文领诵员资格评定总展演暨中国诵读艺术家颁奖典礼于8月4日晚在北京举行。活动以"传诵文学精品，弘扬诵读文化"为宗旨，吸引10万余名选手通过线上平台参赛，并在全国范围设立34个线下巡回展演区，最终360余名选手晋级全国总决赛。展演旨在提升青少年语言表达与文学鉴赏能力，引导其树立正确的语言审美观念与文化认同意识，推动诵读艺术融入基础教育美育体系。

小学语文教材优化拼音教学安排 提升学习实效

据《北京青年报》8月28日报道④，教育部宣布，自2024年起全国小学启用新版

---

① 胡婧：《青少年朋友，一起去"字海探珠"》，《海西晨报》2024年7月29日。
② 张晓曦：《中华经典诗文诵读大赛台湾赛区总决赛举行》，中国新闻网，https://www.chinanews.com.cn/gn/2024/08-04/10263412.shtml。
③ 《第八届"为你诵读"杯全国总展演在京举行》，中国新闻网，https://www.chinanews.com.cn/cul/2024/08-05/10263992.shtml。
④ 雷嘉：《一年级语文教材延长拼音学习时间》，《北京青年报》2024年8月28日。

统编语文教材，一年级上册课文数量从 14 篇调整为 10 篇，拼音教学时间整体延长 1—2 周。新版教材更加注重学习节奏与学生接受能力的匹配，通过优化拼音与识字内容的安排，优先教授结构简单、构词率高的常用字，提升学习效率。此举旨在放缓起始阶段的学习节奏，夯实学生汉语学习基础，增强语文启蒙阶段的教学科学性。

教育部印发通知 加强中小学规范汉字书写教育

据教育部官网消息①，教育部于 2024 年 10 月印发《关于进一步加强中小学规范汉字书写教育的通知》，要求各地中小学全面落实书写教学工作，提升学生语言文字素养。通知明确提出，应培养学生正确的执笔姿势与书写习惯，提高对规范汉字结构与笔顺的掌握能力，并通过课堂教学与课外实践的结合，增强书写能力的系统性，加强文化价值理解，推动书法教育"进课堂、进活动、进生活"。

2024 年度全国大学生语言文字能力大赛总结会在合肥举行

据中国日报网 11 月 13 日报道②，2024 年度全国大学生语言文字能力大赛总结报告会在安徽合肥召开，来自全国高校的组织方与专家代表出席会议。与会人员围绕大赛组织经验、成果推广与后续发展展开深入研讨。会议强调，通过大赛平台可持续提升大学生语言表达能力、思辨能力及文化传承能力，同时推动高校语文课程改革与语言文字规范化建设，助力人才培养质量提升。

校园书法大赛展示学生风采 传承汉字文化

据中国网 12 月 3 日报道③，蒲江嘉祥联合学校近期举办首届校园书法大赛，设置初赛和决赛两个阶段，吸引大量学生参与。参赛学生现场挥毫，书写指定内容，展现了扎实的书写技能与良好的文化素养。此次比赛不仅丰富了校园文化生活，也强化了学生对汉字艺术的理解和传承意识，营造了"写规范中国字，做正直好少年"的浓厚氛围。

---

① 《教育部部署进一步加强中小学规范汉字书写教育》，教育部官网，http://www.moe.gov.cn/jyb_xwfb/gzdt_gzdt/s5987/202410/t20241025_1159150.html。
② 《全国大学生语言文字能力大赛 2024 年度总结会圆满落幕!》，中国日报网，https://ex.chinadaily.com.cn/exchange/partners/82/rss/channel/cn/columns/sz8srm/stories/WS67345944a310b59111da33a9.html。
③ 《写规范中国字，做正直好少年 蒲江嘉祥联合学校举办校园书法大赛》，中国网，http://edu.china.com.cn/2024-12/03/content_117584105.shtml。

一年级拼音拼读比赛激发学生学习热情

据大小新闻百家号 12 月 4 日消息①,烟台市牟平区大窑中心小学举办一年级拼音拼读比赛,设置声母、韵母、整体认读音节拼读及汉字组合识读等环节,全面考查学生拼音知识掌握程度。比赛不仅锻炼了学生反应能力和语言运用能力,也增强了学习成就感,激发了学生对语文学科的兴趣,为语言启蒙教育提供了生动实践场景。

上海新桥镇社区学校开设甲骨文课,探索文字源流

据今日头条 12 月 11 日报道②,上海市松江区新桥镇社区学校积极探索书法教育路径,创设甲骨文课程,成为全区首家开设此类课程的社区学校。课程以"认字—解义—书写"为主线,引导学生了解汉字演变脉络,提升文化认知与审美能力。教师强调,写好书法需"知其然,更知其所以然"。课程广受学生喜爱,为书法教育注入了创新活力。

拼音与劳动融合教学 打造趣味识字课堂

据钱江晚报百家号 12 月 13 日消息③,浙江省常山县招贤小学结合"双减"背景,创新设计拼音闯关活动,将农事劳动元素融入拼读教学。活动设置"百变蔬菜园""劳动工具屋""水果采摘忙"三个主题关卡,通过情境化任务提升学生声母、韵母与词句拼读能力。学生在趣味体验中既掌握了拼音知识,又收获了劳动常识,实现知识水平与能力水平的双提升。

---

① 张燕群、殷飞飞:《童趣与智慧的碰撞:大窑中心小学举办一年级拼音拼读大赛》,大小新闻百家号,http://share.ytcutv.com/folder700/folder717/folder741/folder742/2024-12-04/vslq9eeqUb0dw0GB.html。
② 《了解汉字的来龙去脉!新桥镇社区学校开设甲骨文课》,今日头条,https://www.toutiao.com/article/7446864574541873675/。
③ 《初冬时节农事忙,孩子们在劳动闯关中学习拼音》,钱江晚报百家号,https://baijiahao.baidu.com/s?id=1818294093492971497&wfr=spider&for=pc。

二 外语教育

哈尔滨成立中学俄语名师工作室 推动俄语教育协同发展

据哈尔滨新闻网报道①，2月29日，哈尔滨市中学俄语名师工作室在哈尔滨市第六中学校正式成立。该工作室由哈六中俄语教研室主任李伟主持，成员来自全市开设俄语课程的18所高中、9所初中，涵盖80余名一线教师。工作室依托哈六中在中俄交流中的办学优势，聘请北京师范大学、黑龙江大学等高校专家组成顾问团队，致力于打造资源共享、优势互补、协同发展的俄语教育平台，进一步推动中俄教育合作深入发展。

第28届法语活动月在京启动 促进多语文化交流

据今日中国报道②，2月29日，第28届法语活动月在北京法国文化中心正式启动。来自加蓬、法国、加拿大、瑞士、突尼斯等国驻华大使馆及文化机构的代表出席启动仪式。加蓬共和国驻华大使馆文化参赞班布为活动揭幕并表示，法语活动月在全球范围内举办，旨在推广法语语言与文化，弘扬多元价值观，增进各国人民间的交流与理解。本届活动将通过展览、电影、讲座等多种形式推动中法文化深度互鉴，为语言多样性和文化共融提供实践样本。

大中小学外语教育一体化建设联盟成立 探索贯通式人才培养模式

据重庆师范大学外国语学院微信公众号3月5日消息③，大中小学外语教育一体化建设联盟在重庆师范大学揭牌成立。该联盟由高校、教研机构及中小学组成，聘请北

---

① 张巍：《哈市成立中学俄语名师工作室》，哈尔滨新闻网，https://www.my399.com/p/314641.html。
② 刘婷：《第28届法语活动月在京启动》，今日中国，http://www.chinatoday.com.cn/zw2018/ss/202403/t20240301_800358127.html。
③ 《推动教育创新，共建交流平台——大中小学外语教育一体化建设联盟在我校盛大启幕》，重庆师范大学外国语学院微信公众号，https://mp.weixin.qq.com/s?__biz=Mzg3OTEyOTE2NA==&mid=2247501962&idx=1&sn=d2570b9ced102e365889cbcde4a649e8&chksm=ce7a6456c67ff4f2651e78daf20ef55402a0c06df6e67098226def803015636839c6e823bb8f&scene=27。

京师范大学教授程晓堂为首届学术委员会主任，重庆南开中学校长肖力任副主任，致力于推动外语教育在理念、教学与资源上的贯通式发展。联盟将着力打造互动式外语教育生态，建立中国特色外语人才培养机制，促进二级学科发展，助力高水平教育体系建设。

"理解当代中国"全国大学生外语能力大赛启动 新增多语种赛项

据澎湃新闻报道①，2024"外研社·国才杯""理解当代中国"全国大学生外语能力大赛于3月23日至24日在北京高端论坛上正式启动。大赛设置短视频与定题演讲两个核心赛项，主题分别为"数字中国"（Digital China）和"The Chinese Dragon Is Good"，鼓励大学生以国际视角讲好中国故事，传播数字化时代下中国的创新实践与文化意象。赛事2024年新增多语种项目，进一步扩大赛事覆盖面，服务国家语言战略与国际传播能力建设。

南开大学助力外语教学资源下沉 推动乡村教育均衡发展

据中国教育新闻网报道②，3月25日，南开大学外国语学院与沧州师范学院联合走进河北省河间市北司徒初级中学，为教育部教学科研一体化外语教学研究河北省河间市虚拟教研室成果应用基地揭牌。这是该平台首次在乡村中学设立应用点。项目旨在推动优质教学资源下沉，提升乡村外语教学水平，为教育公平与乡村振兴提供专业支持。南开大学表示，将持续参与基层外语教师培训与科研支持，助力城乡教育一体化发展。

高校外语教育改革论坛在京举办 聚焦国际传播能力提升

据新华网报道③，3月23日至24日，第八届全国高等学校外语教育改革与发展高端论坛在北京召开。会议以"强国建设 外语何为"为主题，吸引2000余位外语教育学者线下参会，20余万人线上参会。论坛由北京外国语大学主办，围绕新时代国家战略背景下外语教育发展、国际传播能力提升等议题展开深入交流，为推动外语教育改

---

① 程婷：《"理解当代中国"全国大学生外语能力大赛启动：新增语种赛项》，澎湃新闻，https://www.thepaper.cn/newsDetail_forward_26795284。
② 禹跃昆：《南开大学助力乡村外语教学研究》，中国教育新闻网，http://www.jyb.cn/rmtzcg/xwy/wzxw/202403/t20240326_2111172683.html。
③ 《第八届全国高等学校外语教育改革与发展高端论坛在京举办》，新华网，https://www.xinhuanet.com/book/20240326/7d886b16bffa48cea2349f1ea2dc501f/c.html。

革创新提供了新思路。

成渝地区双城经济圈"政企校联动"培养高端英语人才研讨会举行

据人民网4月1日报道①，成渝地区双城经济圈"政企校联动"一体化培养高端英语人才研讨会在四川外国语大学召开。会议由教育主管部门、高校及企事业单位联合主办，围绕区域协同育人、人工智能背景下英语教育发展、跨区域英语人才培养机制等议题展开研讨，旨在服务区域发展与国家战略，推动英语高端人才供给体系建设。

"国际语言村"落地泰安 打造沉浸式小学英语课堂

据鲁网报道②，3月29日，泰安市岱岳区卧虎山小学"国际语言村"项目正式启动。该项目依托真实生活场景设计学习环境，如超市、诊所、电视台等，并结合不同年级开发分层校本课程，让学生在情境中使用英语。项目由上海外国语大学教授和山东省教育科学研究院教研员共同指导，是推进英语课程改革、落实新课标、培养学生核心素养的重要探索。

2024中国翻译协会年会召开 强调服务国家发展、讲好中国故事

据《光明日报》4月12日报道③，2024中国翻译协会年会在湖南长沙召开，以"推动文明交流互鉴：译界的责任"为主题，发布《2024中国翻译行业发展报告》。报告指出，我国翻译人才结构持续优化，高层次复语型人才需求增长，翻译工作在服务国家发展战略、讲好中国式现代化故事中作用日益凸显。与会专家呼吁加强翻译人才培养体系建设，提升国家语言服务能力。

"外研社·国才杯"英语辩论赛全国决赛落幕 聚焦全球热点议题

据人民网报道④，6月11日，第26届"外研社·国才杯"全国大学生英语辩论赛全国决赛在京落幕，中国人民大学、复旦大学、上海外国语大学等高校代表队斩获佳绩。赛事聚焦"媒体在气候变化中的角色"主题，设置立论、驳论、自由辩环节，鼓

---

① 《双城经济圈"政企校联动"培养高端英语人才研讨会举行》，人民网，http://cq.people.com.cn/n2/2024/0401/c401602-40796005.html。
② 李云涛：《泰安市岱岳区卧虎山小学"国际语言村"正式开村》，鲁网，https://taian.sdnews.com.cn/jy/202404/t20240401_4371633.htm。
③ 李华：《大力培养翻译人才 讲好中国式现代化故事》，《光明日报》2024年4月12日。
④ 孙竞：《第26届"外研社·国才杯"全国大学生英语辩论赛全国决赛落幕》，人民网，http://edu.people.com.cn/n1/2024/0612/c367001-40255244.html。

励青年从多角度剖析全球议题，提升国际话语能力与形成批判性思维。

托福与 GRE 考试推出新服务 贴近中国考生需求

据《人民日报·海外版》7月4日报道[①]，美国教育考试中心（ETS）在北京推出托福与 GRE 考试新服务，含托福官方小程序、线下模考服务及第二届国际教育展。小程序提供从考试报名、备考到院校申请的全流程支持，助力考生优化备考路径、提升考试体验，展现了国际考试机构本土化服务的新趋势。

长沙市开展英语新教材培训 引导学生增强文化认同

据《三湘都市报》报道[②]，7月8日，长沙市开展义务教育英语（外研版）新教材培训，700余名教师参与研讨。专家指出，新教材将传统文化元素融入课程设计，引导学生提升跨文化交流能力、增强文化自信。培训旨在落实新课标要求，推动英语教学在新时代实现知识、情感与价值观的有机融合。

首届全军军事翻译挑战赛落幕 培养高素质语言人才

据《解放军报》8月28日报道[③]，首届全军军事翻译挑战赛在国防科技大学外国语学院落幕，评选出各类奖项370余项。赛事旨在贯彻强军思想，推动军事外语教育发展，激发官兵的语言学习热情，打造懂军事、精翻译、善交流的高素质军事翻译人才队伍。

北京调整高中合格性考试方案 英语考试时长缩短

据北京教育考试院网站消息[④]，9月22日，北京市发布修订版《北京市普通高中学业水平考试实施办法》，自2025年起实施。修订方案中，外语、数学等科目的考试时间由120分钟缩短至90分钟，外语听力组考方式有所调整，旨在优化考试结构、减轻学生负担、提升考试科学性与有效性。

---

① 张舟：《托福和 GRE 考试向中国考生推出新服务》，《人民日报·海外版》2024年7月4日。
② 杨斯涵：《用"新"推动教育发展 新教材"出炉"后英语该咋学》，《三湘都市报》2024年7月9日。
③ 张晨露、刘丹：《首届全军军事翻译挑战赛落幕》，《解放军报》2024年8月28日。
④ 《〈北京市普通高中学业水平考试实施办法〉政策解读》，北京教育考试院网站，https://www.bjeea.cn/html/hk/hkzc/2024/0921/85745.html。

网易有道携手牛津大学出版社发布全新英语素养产品

据经济参考报网站报道①，12月10日，网易有道教育发布会在京举行，推出与牛津大学出版社合作开发的《有道牛津话英语综合素养产品》。该产品结合AI与国际教材内容，旨在帮助中国学生提升语言表达能力与跨文化理解能力，进一步拓宽国际视野，提升综合英语素养。

---

① 陈伟：《网易有道与牛津大学出版社官宣合作，打造全新英语素养产品》，经济参考报网站，http://www.jjckb.cn/20241211/9abdbb0bcb674351bf6857dfb17aa8e6/c.html。

三 国家通用语言文字推广

鄂尔多斯市东胜区完成语言文字达标验收

据《内蒙古日报》1月7日报道①，鄂尔多斯市东胜区语言文字工作委员会对辖区12个街道办事处的国家通用语言文字规范化达标建设进行了全面评估与验收，实现街道层面的全覆盖。近年来，东胜区以构建良好语言文字环境为目标，积极推进国家通用语言文字在政务服务、公共场所、社区宣传等领域的使用和普及，累计建成7个语言文字宣传教育基地，全区示范校、达标校覆盖率达98.65%，乡镇建设合格率达到100%。通过一体化部署和持续推进，该区有效提升了基层群众国家通用语言文字的应用能力，夯实了语言服务基础，为推动民族团结和社会融合营造良好环境。

山南市曲松县举办基层干部培训 增强语言服务能力

据《西藏日报》2月13日报道②，为切实提升基层语言服务能力，西藏山南市曲松县面向全县村（社区）"两委"干部、农牧民党员等群体举办国家通用语言文字培训。此次培训为期10天，课程涵盖语音发音、口语表达、日常用语等内容，采用《西藏自治区村（社区）干部国家通用语言文字读本》《普通话1000句》等教材，依据参训者语言基础实行分层教学。参训学员普遍反映培训内容实用，讲解通俗易懂，有效增强了与群众交流沟通的能力。该县通过强化语言基础建设，不断推进国家通用语言文字在基层组织、群众生活中的广泛应用。

巴林左旗推进优质学校结对帮扶 提升国家通用语言文字教学质量

据《内蒙古日报》2月23日报道③，近年来，巴林左旗教育局以教研联盟机制为平台，持续推进城区优质学校与原民族语言授课学校结对共建，促进国家通用语言文

---

① 王玉琢、马丽：《东胜区国家通用语言文字达标建设实现全覆盖》，《内蒙古日报》2024年1月7日。
② 刘枫：《曲松县举办村（社区）干部国家通用语言文字培训》，《西藏日报》2024年2月13日。
③ 李雪瑶：《结对帮扶让国通语教学更有质量》，《内蒙古日报》2024年2月23日。

字教育教学质量提升。学校通过骨干教师"一对一"结对帮扶、"一课双案"集体研讨等方式,在备课辅导、教材解读、课堂观摩等环节持续开展深度合作。已有 6 所原民族语言授课学校与 12 所城区学校建立起对口帮扶与联盟机制,每学期开展教师互派与结对教研活动 120 余次,有效促进了城乡教育资源共享与语言教学融合发展。

新疆依麻木镇探索"线上+线下"模式推广普通话

据《中国教育报》2 月 23 日报道①,新疆乌什县依麻木镇国家通用语言小学与新疆大学计算机学院联合探索"线上+线下+智能工具"推广国家通用语言文字的教学新模式,服务对象为农村青壮年劳动力。项目结合线下集中授课、线上课程平台与智能语音识别系统,构建了灵活高效的学习机制,覆盖超 87 万人。该校校长库尔班·尼亚孜作为全国人大代表,呼吁持续加大教育科技融合力度,为农村地区普通话普及注入新动能。

锡林郭勒盟国家通用语言文字达标校(园)建设率达 100%

据《内蒙古日报》3 月 17 日报道②,内蒙古自治区锡林郭勒盟在国家通用语言文字规范化建设方面持续发力,已实现各级各类学校达标校(园)建设率 100%的目标。该盟以铸牢中华民族共同体意识为主线,深入推进语言文字政策宣传与校园语言环境提升工程,积极推进国家统编教材使用,强化教研培训,全面提升语言文字教育教学质量,为构建和谐校园、民族团结打下坚实基础。

阿拉善盟多举措提升国家通用语言文字教育教学质量

据《内蒙古日报》3 月 21 日报道③,阿拉善盟立足民族地区语言特点,坚持将国家通用语言文字教育教学质量提升作为重点工程推进,通过开展专题教研、结对帮扶、轮岗交流、优质课展示等多种方式,着力解决教师教学能力不足、课堂实效性不强等问题。各级教育行政部门持续加强对统编教材使用的指导与监管,推动语言教学与文化育人融合,构建常态化、长效化工作机制。

---

① 蒋夫尔:《用好新技术 推广普通话》,《中国教育报》2024 年 2 月 23 日。
② 张璐:《锡林郭勒盟:国家通用语言文字达标校(园)建设率达 100%》,《内蒙古日报》2024 年 3 月 17 日。
③ 刘宏章:《阿拉善盟有力提升国通语教育教学质量》,《内蒙古日报》2024 年 3 月 21 日。

福建推动特殊教育学校普及国家通用手语和盲文

据《厦门日报》3月21日报道①,福建省教育厅联合省残联、省语委转发文件,提出到2025年实现特殊教育学校普遍推广国家通用手语与盲文的目标。文件明确,在招收视听障学生的学校中,应采用国家通用规范教材,鼓励建设多模态课堂与数字化资源平台。当前厦门等地已启动试点工作,通过手语课程常态化开设与师资专项培训,显著提升残障学生语言获取能力,推动语言服务公平化、专业化发展。

内蒙古自治区语委强调推进语言文字普及

据央广网3月25日报道②,内蒙古自治区语言文字工作委员会召开工作会议,通报2023年重点工作进展,部署2024年工作要点。会议强调,国家通用语言文字推广工作要进一步深化与教育、宣传、文化等系统融合,提升政策执行力和扩大社会覆盖面。会议要求,持续开展"推普进乡村""语润校园"等行动,加强平台建设、项目引导与实践评估,推动语言文字治理体系和治理能力现代化。

四川实施"五大行动"系统推广国家通用语言文字

据四川在线4月10日报道③,四川省为贯彻国家语言文字工作三年行动计划,系统部署五大行动:提升普及率、一地一策、民族地区普及攻坚、重点人群培训提升、系统监测评估与优秀师资建设。凉山州等重点区域结合"学前学好普通话2.0"等项目,推动以点带面、分类施策。四川将语言推广纳入文化建设与教育强省任务清单,推动语言治理能力不断提升。

全国人大教科文卫委员会在广西调研国家通用语言文字法修订工作

据广西人大微信公众号4月10日消息④,全国人大教科文卫委员会副主任委员田学军率队赴广西开展国家通用语言文字法修订专题调研,听取地方意见建议。调研组

---

① 佘峥:《推广手语"普通话" 到2025年,特教学校要普遍使用国家通用手语和盲文》,《厦门日报》2024年3月21日。
② 《内蒙古语言文字工作委员会:加大国家通用语言文字推广普及力度》,央广网,https://nm.cnr.cn/xinwensudi/20240325/t20240325_526639433.shtml。
③ 江芸涵:《四川将实施"五大行动",加大国家通用语言文字推广力度》,四川在线,https://sichuan.scol.com.cn/ggxw/202404/82505511.html。
④ 周媛:《全国人大教科文卫委到桂开展国家通用语言文字法修改专题调研》,广西人大微信公众号,https://mp.weixin.qq.com/s/ysjFFALeYtlz6qhhXHjuTA。

一行深入学校、社区与语言服务窗口实地考察,强调语言文字法修订要以促进语言公平、保障基本权利、铸牢民族团结意识为核心内容,推动法治化水平迈上新台阶。

第五届内蒙古自治区国家通用语言文字亲子诵读大赛在巴彦淖尔启动

据《内蒙古日报》5月3日报道①,第五届内蒙古自治区国家通用语言文字亲子诵读大赛在巴彦淖尔市正式启动。本次活动以"少年儿童心向党·亲子共读伴成长"为主题,设立"家风故事""亲子情景剧"等多个诵读与表演环节,吸引全区12个盟市的家庭代表参与。比赛通过线上线下融合方式进行,营造家庭语言文化氛围,推动国家通用语言文字向社区与家庭延伸,实现儿童语言表达与亲子关系建设的双重成效。

新疆乌什县"石榴花"农村妇女培训班圆满结束

据中国新闻网5月7日报道②,新疆乌什县为750名农村妇女举办国家通用语言文字线上培训班,并举行结业证书发放仪式。培训为期6个月,由新疆维吾尔自治区妇联主办,阿克苏开放大学教师线上授课,采用钉钉直播、班级群打卡等方式实施教学,自治区妇联干部全程监督指导。学员结业率高,语言能力与社会适应能力明显增强,有效促进农村妇女就业增收与社会融入。

川渝国家语言文字推广基地增至10家 高校联动深化合作

据川观新闻5月13日消息③,2024年川渝国家语言文字推广基地联盟年会在四川轻化工大学召开,新增的重庆师范大学、西南民族大学等五所高校正式授牌。至此,联盟单位已达10家,成员高校将在语言文字研究、双语教师培训、民族文化传播等方面展开深度合作。会议通过《联盟成员协作机制》,明确年度项目申报、成果展示、社会服务等制度安排,推动区域联动共同体建设迈向规范化。

贵州丹寨县"推普进苗寨"行动取得实效

据新华网5月17日报道④,贵州省黔东南州丹寨县结合村寨群众作息特点与语言

---

① 薄金凤:《第五届自治区国家通用语言文字亲子诵读大赛启动》,《内蒙古日报》2024年5月3日。
② 《乌什县举办"石榴花"农村妇女国家通用语言文字培训结业证发放仪式》,中国新闻网,http://www.xj.chinanews.com.cn/dizhou/2024-05-07/detail-iheazep3475446.shtml。
③ 行晓艺、李佳玲:《川渝地区国家语言文字推广基地已达10家》,川观新闻,https://cbgc.scol.com.cn/news/4989887。
④ 潘嘉懿、莫昌怡:《丹寨:持续推普进苗寨 语言赋能助振兴》,新华网,http://www.gz.xinhuanet.com/20240517/bf0ae330b41c4082945d584d8d898394/c.html。

基础，持续开展"推普进村寨"专项活动，推动国家通用语言文字教学向群众生活延伸。全县组织1300名专兼职教师、志愿者开展45场活动，覆盖群众2万人以上，通过夜校课堂、普通话演讲比赛、家庭互动式语言训练等形式，提升群众语言沟通与文化认同双重能力，推动语言助力乡村振兴工作落地见效。

新疆三所高校访问首都师范大学京疆学院 深化语言文字教学交流

据首都师范大学新闻网消息[①]，2024年5月，新疆师范高等专科学校、乌鲁木齐职业大学和和田师范专科学校代表团访问首都师范大学京疆学院，围绕国家语言文字推广基地建设、通用语言教学模式、双语人才培养等内容展开交流。双方就"专业课程+语言教学"融合建设、"双优云桥"计划实施、教师联合培训等达成合作意向，为深化京疆合作与边疆语言教育发展提供支撑。

西藏举办第二届青少年铸牢中华民族共同体意识主题演讲大赛

据中国新闻网5月26日报道[②]，以"铸牢中华魂·奋进新征程"为主题的西藏自治区第二届青少年铸牢中华民族共同体意识主题演讲大赛在拉萨成功举办。活动设小学、中学、青年、村居和宗教界五个组别，共有千余名选手参赛。大赛以国家通用语言文字表达为核心形式，着力提升青少年语言表达能力，推动中华民族共同体意识在西藏青少年中厚植深化。

洞口县长塘瑶族乡开展推普进校园主题活动

据华声在线百家号5月28日消息[③]，湖南省洞口县长塘瑶族乡团委联合学校开展"推广国家通用语言文字"主题校园文化活动，组织学生参与主题班会、手抄报设计、语言知识竞赛等形式多样的语言文化活动。志愿者在校内举办普通话推广讲座，引导学生增强讲好普通话、传播中华文化的意识，助力民族地区学校营造规范语言环境。

[①] 张青琢：《新疆三所高校到我校京疆学院交流国家通用语言文字教育工作》，首都师范大学新闻网，https://news.cnu.edu.cn/xysx/xwzh/d7e2b8e3b7dc41d8bdf91dc8fdc74dfd.htm。
[②] 江飞波：《西藏举办第二届青少年铸牢中华民族共同体意识主题演讲大赛》，中国新闻网，http://www.chinanews.com.cn/sh/2024/05-26/10223420.shtml。
[③] 沈坚、阳东海：《大力推广普通话 增强中华民族凝聚力——洞口县长塘瑶族乡开展推广普及国家通用语言文字活动》，华声在线百家号，https://baijiahao.baidu.com/s?id=1800275489882289995&wfr=spider&for=pc。

贵州长顺县"推普兴乡"融合法治教育助力乡村治理

据民主与法制网 7 月 17 日报道①，贵州省黔南州长顺县将国家通用语言文字推广与法治宣传教育相结合，组织"推普兴乡"专题活动。教师、志愿者深入苗族村寨，通过双语形式宣讲《中华人民共和国民法典》，开展红色歌曲演唱、语言训练与基层治理案例分享等活动，引导村民用规范语言表达诉求，提升法律意识与公共事务参与能力。

教育部等九部门部署开展第 27 届推普周活动

据新华网 8 月 6 日报道②，教育部、国家语委联合公安部、人社部等九部门印发通知，部署开展第 27 届全国推广普通话宣传周。活动以"加大推普力度，筑牢强国语言基石"为主题，聚焦普通话与职业技能结合、"普通话+文旅"推广、"普通话+人工智能"等融合形式，鼓励各地打造具有地方特色与时代特色的系列活动，推动国家通用语言文字推广提质增效。

第 27 届推普周启动在即 融合多领域开展语言推广活动

据北京日报客户端百家号 8 月 6 日消息③，第 27 届全国推广普通话宣传周将于 9 月第三周启动。各地将结合"普通话+职业技能"开展专题培训，利用图书馆、博物馆等公共文化场所举办语言文字特色展览、普通话导览服务等活动，提升群众的语言文字规范意识和文化素养。教育部、国家语委将联合推出"典耀中华"主题读书行动、中华经典诵写讲大赛等品牌项目，同时组织开展"推普助力乡村振兴"大学生实践、经典润乡土等活动，推动语言推广向基层延伸。预计 2025 年，全国普通话普及率将达到 85%，国家通用语言文字工作将迈入新阶段。

南疆语文教研中心挂牌成立 打造研训一体化平台

据《阿克苏日报》报道④，8 月 12 日，南疆语文教研中心在阿克苏教育学院正式

---

① 罗红梅：《贵州省长顺县开展"推普兴乡"国家通用语言培训》，民主与法制网，http://www.mzyfz.com/html/2174/2024-07-17/content-1626660.html。
② 《教育部等九部门联合印发通知部署开展第 27 届全国推广普通话宣传周活动》，新华网，http://education.news.cn/20240806/9d63329d6007410f9d40754e6652927f/c.html。
③ 《2025 年，全国普通话普及率将达 85%》，北京日报客户端百家号，https://baijiahao.baidu.com/s?id=1806628507229668496&wfr=spider&for=pc。
④ 张路、王锦霞：《南疆语文教研中心在阿克苏成立》，《阿克苏日报》2024 年 8 月 13 日。

成立。该中心由浙江省援疆指挥部、新疆维吾尔自治区教育科学研究院等7家单位联合共建，是集语文教研、学术交流、教师培训于一体的综合性平台，旨在推动南疆语文教育教学改革与高质量发展。中心围绕"立德树人、学术引领、服务当地、研训一体"的理念，着力提升教师的国家通用语言文字应用能力，组织实施课题研究、教学评优、资源开发与师资培训，为南疆地区语言教育提供理论支撑和实践指导。

岳普湖开展教师语言培训 推进教育教学高质量发展

据中国网·联盟中国9月2日报道①，岳普湖县近期组织开展国家通用语言文字专题培训，培训对象为中小学教师。培训由泰安援疆指挥部统筹，联合山东高校组成专业培训团队，从语言规范运用、教学表达、文化素养等方面展开全方位课程指导。此次培训旨在进一步提升教师的语言表达与课堂教学能力，强化语言文字在基础教育中的基础性作用。后续，培训方将继续优化课程结构，丰富教学形式，形成常态化培训机制，持续提升岳普湖县整体教育质量。

阿拉善盟应用学前智能助教系统 提升学前语言教学质量

据《内蒙古日报》9月4日报道②，阿拉善盟持续推进国家通用语言文字应用能力提升项目，覆盖全盟35所幼儿园及原民族语言授课学校。各地充分利用学前智能助教系统，将普通话教学融入保育保教日常环节，聚焦学前关键语言学习阶段，优化语言环境建设，通过应用智能设备进行互动教学，营造沉浸式语言氛围，有效提升儿童听说能力。数据显示，2024年上半年，全盟学前智能助教系统参用率达50.38%，为提升学前阶段国家通用语言文字水平提供了坚实技术支撑。

鄂伦春启动示范培训项目 提升边疆教师语言能力

据《内蒙古日报》9月7日报道③，教育部语言文字应用管理司组织开展的2024年民族和农村地区教师国家通用语言文字能力提升在线示范培训（鄂伦春自治旗）已正式开班。培训由内蒙古大学具体实施，课程包含"政策法规解读与民族团结教育""普通话水平测试规范"等，共计106个课时，面向鄂伦春中小学教师开展。项目整合校内语言学、传播学及语言测试资源，助力教师语言规范水平提升，为民族地区语言

---

① 李雪生：《岳普湖县教育系统国家通用语言文字培训圆满结束》，中国网·联盟中国，http://union.china.com.cn/txt/2024-09/02/content_42906116.html。
② 刘宏章：《阿拉善盟扎实推动师生国通语应用能力提升》，《内蒙古日报》2024年9月4日。
③ 贾永强：《鄂伦春教师国通语能力提升在线示范培训开班》，《内蒙古日报》2024年9月7日。

文字事业高质量发展提供人才保障。

北京推出闯关活动 推普宣传吸引 4 万人参与

据新京报网站 9 月 13 日报道①，北京市第 27 届全国推广普通话宣传周活动正式启动。由北京市教委主办的"汉语知识趣味闯关"活动已上线"丘瑞斯学生活动平台"，吸引超过 4 万人参与，累计答题数达 150 万道，掀起了全民语言知识学习热潮。此次宣传周以"加大推普力度，筑牢强国语言基石"为主题，通过线上线下联动、趣味化普及方式，提高公众对国家通用语言文字规范的理解和应用能力，彰显首都在语言治理体系建设中的引领作用。

青海举办演讲比赛 推动民族地区语言认同建设

据中国新闻网 9 月 14 日报道②，以"推广普及国家通用语言文字 铸牢中华民族共同体意识"为主题的少数民族农牧民电视演讲大赛决赛在青海广播电视台举行。本次比赛作为"民族团结进步宣传月"系列活动之一，通过展演结合、媒体传播、全民参与等形式，引导群众增强语言规范意识和国家认同感。活动期间还将同步开展典型人物表彰、民族团结网络答题等活动，持续增强国家通用语言文字的社会影响力和认同感。

长沙推普周启动 彰显语言文化育人价值

据长沙晚报网 9 月 14 日报道③，长沙市第 27 届全国推广普通话宣传周活动在长沙市一中双语实验学校正式启动。仪式由长沙市教育局主办，来自多个行业的 600 余人参与。活动以"加大推普力度 筑牢强国语言基石"为主题，强调普通话在中华文化传承与时代交流中的桥梁作用。通过典型发言、经典诵读、文化展演等多元形式，充分展现了普通话作为中华文化载体的育人功能与社会价值。

上海举办情景朗诵会 探索语言文化传播新形式

据文汇报网站报道④，上海市第 27 届全国推广普通话宣传周于 9 月 13 日开幕，并

---

① 杨菲菲：《北京启动"推普周"活动，汉语知识趣味闯关活动已吸引 4 万人参与》，新京报，https://www.bjnews.com.cn/detail/1726234465168269.html。
② 刘洋：《青海举办少数民族农牧民国家通用语言文字电视演讲赛》，中国新闻网，https://www.qh.chinanews.com.cn/qhsp/news/2024/0914/129102.html。
③ 岳霞、阳艳萍：《长沙市第 27 届全国推广普通话宣传周启动》，长沙晚报网，https://www.icswb.com/h/100104/20240914/889216.html。
④ 张鹏：《传承弘扬中华优秀语言文化，上海市第 27 届全国推广普通话宣传周开幕》，文汇报，https://www.whb.cn/commonDetail/948399。

同步举办《经典润乡土》原创大型情景朗诵会。活动紧扣"加大推普力度，筑牢强国语言基石"主题，通过朗诵与表演融合呈现中华优秀语言文化魅力。上海市将借助推普周契机，聚焦国际中文教育、本土文化项目建设、基层语言服务体系优化等方向，推动语言文化传播项目品牌化、融合化、体系化发展。

中南民族大学揭牌国家语言文字推广基地

据极目新闻9月21日报道①，国家语言文字推广基地（中南民族大学）揭牌仪式暨基地建设经验交流会在武汉举行。新设立的推广基地将聚焦民族地区语言文字应用研究、教学实践与对外交流，推动形成"高校牵头、区域协同、国际互动"的工作格局。未来，基地将深入民族地区，优化体制机制，提升语言服务效能，为国家语言推广事业高质量发展提供理论支撑与实践平台。

喀什承办重点活动 推普资源向边疆地区延伸

据新华网9月23日报道②，第27届全国推广普通话宣传周重点活动在新疆喀什举行，主题为"加大推普力度，筑牢强国语言基石"。来自国家语委、援疆省市、当地学校与社会团体的代表围绕语言教育、公共服务、教师培训等议题进行交流发言。教育部、国家语委向新疆赠送了"中小学语文示范诵读库"数字资源，进一步提供国家语言资源服务边疆地区，增强群众语言学习的获得感。

重庆举办宣传活动 展示国家通用语言推广新成果

据《重庆日报》9月24日报道③，重庆市第27届全国推广普通话宣传周重点活动在渝中区解放碑举行。活动现场，师生、听障人士与群众代表通过诵读、手语等形式演绎中华经典，体现国家通用语言文字在多领域的深度融合。近年来，重庆市持续推进推普工作，普通话普及率达81.77%。市级层面已形成以成渝地区双城经济圈语言服务研究中心、川渝地区国家语言文字推广基地联盟为支撑的协同机制，推动多部门协同、全社会参与的语言治理格局初步形成。

---

① 朱雨濛、谭玲：《国家语言文字推广基地落地中南民族大学》，极目新闻，http://www.ctdsb.net/c1673_202409/2260332.htm。
② 孙哲：《全国推广普通话宣传周重点活动在喀什举办》，新华网，http://www1.xinhuanet.com/local/20240923/833de0b3de34457e838953f169eb1c74/c.html。
③ 李志峰：《重庆普通话普及率达81.77%》，《重庆日报》2024年9月24日。

南宁以文艺展演形式开启推普宣传新局面

据《南宁日报》9月28日报道①，2024年南宁市第27届全国推广普通话宣传周启动仪式在解放路小学举行。活动以"普通话诵读经典""非遗展演"等形式，融合普通话与民族文化传播，展现城市语言文化建设成果。活动中，学生以普通话与方言"双语"结合讲述英雄故事，大学生志愿者朗诵典型人物事迹，营造全民参与的语言文化氛围，推动国家通用语言文字在校园与社区深度落地。

云南省政协聚焦推普工作 协商助力民族团结进步

据《云南日报》10月15日报道②，云南省政协围绕"坚持把铸牢中华民族共同体意识作为工作主线，全面推广普及国家通用语言文字"主题召开专题协商会议。与会代表从组织体系、资源统筹、重点人群分类指导等方面提出建议，强调推普工作应加强制度保障与基层组织建设，形成党委领导、语委统筹、社会参与的全链条体系。会议认为，应深化语言服务与民族团结融合，构建具有云南特色的语言治理机制。

新疆莎车县设立普通话实训基地 推动校地语言协作共建

据上观新闻10月22日消息③，莎车县第七中学首个普通话实训基地正式落地。该校为上海援建学校之一，实训基地由上海广播电视台团队与莎车县教育局联合建设，依托主持人资源与传统文化传播优势，推出普通话专题讲座及线上线下课程服务。基地将服务当地2100余名学生，助力师生语言表达能力提升，为南疆语言文字普及攻坚提供新范例。

全国普通话水平测试工作会议召开 强化语言能力评测体系建设

据教育部官网11月15日消息④，全国普通话水平测试工作会议在四川成都召开。会议强调，要深入贯彻习近平总书记关于语言文字工作的重要指示，持续提升国家通

---

① 《南宁市第27届全国推广普通话宣传周启动》，《南宁日报》2024年9月28日。
② 张潇予：《围绕全面推广普及国家通用语言文字协商建言》，《云南日报》2024年10月15日。
③ 《文化润疆 | 喀什莎车首个普通话实训基地在莎车县第七中学落成》，上观新闻，https://sghexport.shobserver.com/html/baijiahao/2024/10/22/1446597.html。
④ 《全国普通话水平测试工作会议召开》，教育部官网，http://www.moe.gov.cn/jyb_xwfb/gzdt_gzdt/moe_1485/202411/t20241115_1163169.html。

用语言文字测试服务能力，推动语言测试科学化、标准化、智能化发展。普通话水平测试自设置以来，已成为国家语言推广、教育评估与教师资格认定的重要工具。当前，应进一步拓展测试范围，优化服务流程，推动语言能力评测服务支撑教育现代化建设。

"语培计划"总结交流会召开 推动语言培训与职业技能融合

据中国教育新闻网11月30日报道①，2024年国家通用语言文字示范培训计划"普通话+职业技能"总结交流会在北京召开。本次会议由教育部语言文字应用管理司指导，教育部职业教育发展中心主办，聚焦基层干部与青壮年劳动者语言培训工作的成效。与会专家围绕语言教学内容融合、技能提升路径创新、服务乡村振兴等方面进行了深入交流，推动普通话推广与职业教育、民族团结有机结合，为下一阶段语言文字培训工作提供经验借鉴与路径参考。

黔南高校文艺宣传进校园 营造语言推广多元氛围

据大美独山微信公众号11月30日消息②，黔南民族师范学院预科教育学院师生走进独山县基长镇狮山希望小学，开展形式多样的国家通用语言文字宣传活动。此次活动结合流行舞、芦笙舞、侗族大歌等文艺演出形式，与普通话推广深度融合，吸引群众驻足观看。现场还设置了互动问答、有奖竞猜、宣传册发放等环节，使群众在轻松氛围中了解语言规范知识，进一步增强全民语言规范意识和推广的主动性。

当雄县开展普及宣传 推动边疆地区语言工作常态化

据澎湃新闻App12月13日消息③，拉萨市当雄县开展以"推广普及国家通用语言文字 铸牢中华民族共同体意识"为主题的宣传活动。工作人员通过悬挂横幅、发放汉藏地名对照宣传册等形式，向群众普及国家语言政策及语言文字规范使用要求。此次宣传覆盖面广、主题鲜明，进一步提升了各族群众对国家通用语言文字使用的积极性，为巩固当雄县语言工作成果注入新动力。

---

① 余闯：《2024年"语培计划""普通话+职业技能"培训总结会举办》，中国教育新闻网，http://www.jyb.cn/rmtzcg/xwy/wzxw/202411/t20241130_2111276938.html。
② 《文艺演出、互动问答 这场推广普及国家通用语言文字宣传活动形式新颖！精彩不断……》，大美独山微信公众号，https://mp.weixin.qq.com/s?__biz=MzA3MjQyNjE1MQ==&mid=2649722386&idx=3&sn=596f8558b6bad4a115f53d25a754dadd&chksm=86252b9b58a7951b911eb796bd84bd307f5cf677aca4e6192faf849d4fb7409c7683baed5599&scene=27。
③ 刘斯宇：《拉萨市当雄县推广普及国家通用语言文字》，澎湃新闻App，https://m.thepaper.cn/newsDetail_forward_29638890。

鄂尔多斯市公布第二批市级国家通用语言文字推广基地名单

鄂尔多斯市人民政府官网 12 月 23 日发布消息①，鄂尔多斯市语言文字工作委员会办公室与市教育体育局联合公布第二批市级国家通用语言文字推广基地名单，共 12 家单位入选，包括昭君街道、内蒙古城川干部学院等。推广基地将承担宣传普及、教师培训、资源建设等任务，探索形成以点带面、多元协同的推广机制，为区域语言文字工作提供专业支撑与实践平台。

2024 第三届全国大学生普通话大赛落幕 彰显青年语言文化风采

据中国日报网 12 月 23 日报道②，2024 年第三届全国大学生普通话大赛圆满结束，活动由中国语文报刊协会读写教学分会主办，讯飞语音评测系统提供技术支持，全面实现无纸化测评与智能化监控。比赛吸引全国众多高校学生参与，包括北京大学、清华大学、上海交通大学等知名院校，展现大学生普通话水平及语言文化综合素养。大赛以传播国家通用语言文字、弘扬中华优秀语言文化为核心，强化青年群体的语言表达与文化认同。

---

① 王敏：《我市 12 家单位入选第二批市级国家通用语言文字推广基地名单》，鄂尔多斯市人民政府官网，https://www.ordos.gov.cn/xw_127672/bmdt/202412/t20241223_3749744.html。
② 《2024 年第三届全国大学生普通话大赛圆满落幕！》，中国日报网，http://ex.chinadaily.com.cn/exchange/partners/82/rss/channel/cn/columns/sz8srm/stories/WS676926eaa310b59111daa686.html。

语言资源保护

中国是全球语言资源最丰富的国家之一。这些多样化的语言资源不仅映射出各民族语言文化的多元性和活力，也构成了中华文化宝库中耀眼的瑰宝。得益于国家政策的有力支持和引导，我国在语言资源的开发与保护方面取得了显著成就，呈现一片繁荣景象。

汉语方言以其丰富多彩的表现形式，展现了极高的活跃度，深度融入当代语言生活的各个领域，焕发勃勃生机。方言说唱传递了华夏儿女的思乡情感，非物质文化遗产"乡音"诉说着浓厚的"乡情"；动画中出现的会讲方言的麒麟兽，吸引了众多青年的目光；轨道交通、银行网点推出方言服务，为人们的生活提供了诸多便利；人们方言学习热情高涨，特别是闽南语学习，方言狂欢"出圈"，笑梗中蕴含着更基础、更广泛、更深厚的文化自信。

少数民族语言在社会各个领域都肩负起重要使命，成为推动行业发展不可或缺的力量。"新疆民族文学原创和民汉互译作品工程"累计出版作品358部；玉树州举办第八届全国藏文书法日主题活动；方言巨著《安丘土话讲故事》出版；中国邮政储蓄银行推出手机银行藏语服务，助力西藏金融发展；苗寨中人们共话山乡变迁。

社会各界高度关注语言资源的保护，并积极付诸实践，方言与民族语言的保护工作取得了突破性进展。中国语言资源保护工程2024年度工作会议顺利召开；青海省人大常委会开展少数民族语言文字工作立法调研；中华古籍资源库新增1012种古籍资源；《新纂云南通志》400万字白话文翻译校注工作已完成；《中国语言资源集·福建》《中国语言资源集·湖北》正式发布；《中国少数民族大辞典·纳西族卷》在昆明首发；《汉佤大词典》出版发行；《现代汉语词典》（第七版）汉藏对照全文版完成翻译审定。

语言文化的传承事业硕果累累，为中华民族文化的延续与发展奠定了坚实基础。传递汉语艺术之美，汉语艺术盛典在长沙举行；2024中华思想文化术语大赛召开；福建泉州举办泉州歌诀讲坛，传承推广闽南文化；《中国精神文化大典》中文版发布；《中国语言文化典藏·开封》正式发布。

一　汉语方言的使用

武冈文坪镇创新法治宣传形式　方言反诈"三句半"亮相村晚舞台

据新湖南客户端消息①，武冈市文坪镇黄泥坳村创新法治宣传形式，将禁毒反诈知识融入传统村晚活动。在 2 月 2 日落幕的"2024 年武冈市百台村晚迎新春"专场演出中，村民自创的方言版反诈"三句半"引发热烈反响。该节目突破常规宣讲模式，以押韵俚语揭露诈骗伎俩，用乡土文化传递防范要诀，在诙谐表演中筑牢群众安全防线。

川渝春晚凸显方言文化特色

据四川在线报道②，2 月 8 日晚"2024 川渝春节联欢晚会"通过双卫视同步播出。该届春晚在方言运用上展现创新表达，开场短片《川渝熊猫贺新春》便采用拟人化方言配音，让"吃嘎嘎""逛街街"等百余个地道川渝词语贯穿全片，生动展现熊猫过年的趣味场景。这些方言元素不仅增添了喜剧效果，更通过生活化的语言艺术，让传统文化符号与现代传播形式实现有机交融，为观众奉上了极具地域辨识度的文化大餐。

春秋航空新春首推方言说唱作品

据文汇报网站 2 月 10 日报道③，春秋航空在农历除夕创新推出方言说唱作品《长空万里》，该作品融合粤语、上海话、东北话、四川话、藏语等 10 种方言及民族语言，以丰富的地域元素和明快的音乐节奏唱响华夏儿女的故土情结。作为本土文化的重要载体，方言承载着各地的历史记忆与人文风情，春秋航空通过音乐创作展现方言魅力，在春运返乡途中为旅客营造温暖的文化陪伴。

---

① 肖钢希、周闻锋：《文坪镇：禁毒宣传进村晚，方言反诈三句半》，新湖南客户端，https://m.voc.com.cn/xhn/news/202402/19406508.html。
② 丛雨萌、边钰：《融入上百个川渝方言词汇　2024 川渝春节联欢晚会 8 日晚欢乐开演》，四川在线，https://sichuan.scol.com.cn/ggxw/202402/82463685.html。
③ 张晓鸣：《春秋航空推出方言特色说唱〈长空万里〉》，文汇报，https://www.whb.cn/commonDetail/918955。

浦东说书非遗传承：乡音流淌三十载见证城市变迁

据中国新闻网2月14日报道①，作为上海市级非遗项目，浦东说书正面临传承困境。自1987年专业演出团体解散后，这个承载着乡土记忆的曲艺形式逐渐失去传统演出空间，仅剩少数民间艺人坚守。历经30余载开发开放，浦东从阡陌农田蜕变为现代都市，浦东说书始终用乡音记录着时代变迁。老艺人创作的经典唱段中，"生黄瓜、熟黄瓜"的田间野趣，已演变为"鲜蛋咸蛋"的都市生活图景；往昔"兜田头"的田间小道，化作"世博场馆拔地起"的现代地标。这些流淌在乡音中的新话本，既延续着文化根脉，又谱写着城市发展的生动注脚。

杭州灯塔村创新方言保护举措：电线杆变身露天方言课堂

据澎湃新闻2月23日报道②，杭州钱塘区义蓬街道灯塔村将24根电线杆改造为方言教学载体，杆身上绘制当地"沙地方言"谐音文字，并辅以拼音注音和词义解释。这项创新举措旨在应对方言代际传承危机——随着青壮年进城务工，村中儿童普遍听不懂方言，而老年群体普通话能力有限，导致家庭沟通障碍。

村民们发现，这种露天教学装置不仅美化了村容，更激发了代际互动：白发老人牵着孙辈逐字认读，年轻父母也借此机会重温乡音。村委会工作人员透露，首批试点成效显著，计划将主干道南侧电线杆全部纳入方言文化传播体系，让基础设施成为活态方言博物馆。

深圳银行业首推多语种服务窗口 彰显城市文明温度

据《深圳特区报》2月24日报道③，深圳某银行公示的多语言服务团队引发社会热议。该团队可同步提供英语、手语以及粤语、客家话、潮汕话等本土方言服务，此举既展现金融机构的专业素养，更被视作城市开放包容精神的生动注脚。综合开发研究院专家余凌曲指出，银行业创新推出多语言服务，实质是金融向善理念的实践。手语服务为听障人士搭建沟通桥梁，方言服务让老年群体感受乡音温情，这些举措不仅体现对特殊群体的关怀，更折射出深圳作为移民城市的文明温度。

---

① 李姝征：《非遗曲艺"乡音"说"乡情"》，中国新闻网，http://www.chinanews.com.cn/sh/2024/02-14/10163930.shtml。
② 杨佳吟、余懿栋：《杭州一村庄电线杆上刷方言，有老人带着小孩挨个儿认读》，澎湃新闻，https://www.thepaper.cn/newsDetail_forward_26427340。
③ 沈勇：《多种语言服务 还能手语交流》，《深圳特区报》2024年2月24日。

沪剧方言文化教学点将添新阵地 首入浦东张江科学城

据腾讯网 3 月 30 日报道①，沪剧方言文化教学点将首次入驻浦东新区张江科学城。在"张江聚有料"2024 年张江镇城市美育日主题活动上，这一消息于张江镇党群服务中心正式公布。

此次活动围绕推动城市文化建设、提升居民艺术涵养的核心，以"全域式"布局，在张江镇南、北、中部地区打造系列文化艺术活动，将美育理念深度融入居民日常生活。丰富多样的文化盛宴为"15 分钟文化服务圈"增添美育活力，助力张江科学城向宜居、宜业、宜游、宜乐的现代化城区迈进。

重庆轨道交通 4 号线创新启用方言播报系统 打造城市文化新名片

据光明网报道②，4 月 3 日起重庆轨道交通 4 号线正式启用方言语音播报服务，成为全市首条引入乡音播报系统的线路。在保税港站与石船站试点区域，乘客不仅能听到标准的普通话播报，更能感受到地道的重庆话报站服务。

项目运营方介绍，为呈现最地道的巴渝风情，团队特邀专业播音员及员工录制多个候选版本，最终选定既能体现重庆人直爽性格又符合轨道交通系统语音规范的女声版本。这种创新举措既延续了山城独特的文化基因，也展现了城市交通服务的人文温度。

方言文化现象破圈传播 彰显传统文化自信新表达

据新华网 5 月 22 日消息③，方言文化现象在影视综艺领域持续升温。开年热播的河南方言剧《狗剩快跑》凭借浓郁地域特色引发收视热潮，河南春晚创新编排的"豫语"开场亦收获广泛好评。从"弄啥嘞"的亲切问候到"怪排场"的幽默自嘲，这些方言表达不仅承载着乡音记忆，更在互联网时代展现出强劲传播力。

语言专家指出，方言作为文化活化石，其"破圈"传播本质是传统文化基因的当代觉醒。年轻群体通过方言梗创作、方言配音等创新形式，将地域文化符号转化为情

---

① 唐玮婕：《全域式推出文化艺术大餐，张江镇将美育融入城市生活》，腾讯网，https://news.qq.com/rain/a/20240330A07N2J00。
② 郭琪、李娟：《重庆首条！轨道交通 4 号线方言播报今天正式上线》，光明网，https://m.gmw.cn/2024-04/03/content_1303704002.htm。
③ 双瑞、袁月明：《方言狂欢"出圈"，笑梗富含文化自信》，新华网，https://www.news.cn/culture/20240522/4e34a1697d5044dc8eff36667ef75f43/c.html。

感共鸣载体。这种文化实践既延续了方言作为身份认同标记的传统功能，又赋予其现代传播价值，展现出新时代青年对文化多样性的尊重与传承。

泉州西街闽南语文化展走红 沉浸式体验激活乡音传承

据《泉州晚报》报道①，五一假期期间，泉州市区西街游客服务中心二楼的闽南语主题展厅成为热门打卡地。展厅以"一隅乡音"为主题，通过文字注解、影像展播、方言歌曲等多种形式，将"无鱼虾亦好""千金买厝万银买厝边"等生动俗语立体呈现，吸引众多游客驻足品读。

策展方表示，该展览旨在构建沉浸式语言体验空间，既为本土民众营造乡音疗愈场域，更向外埠游客打开了解闽南文化的语言之窗。这种将传统方言与现代展陈技术相结合的创新实践，成功唤醒了公众对濒危方言的关注热情，参观者纷纷在趣味互动中感受方言的韵律之美。

"沪语学堂"首推街区实景教学 梧桐街区变身语言文化课堂

据上海徐汇微信公众号5月15日消息②，漕河泾街道"上海一家亲沪语学堂"创新教学模式，将传统教室延伸至梧桐掩映的历史街区，开展沉浸式城市漫步语言实践。这家已运营14年的公益机构，首次尝试将沪语教学场景化，让学员在武康大楼、衡复风貌区等经典路线中通过实地场景对话提升语言能力。学员们在梧桐树影下学习"弄堂""老虎窗"等地道表达，亲身体验"阿拉上海"的文化韵味。这种打破空间限制的教学创新，使濒危方言传承与城市历史文脉保护形成有机互动，为语言教育提供了新范式。

宁夏盐池县"兰花姐姐"创新方言宣讲

据中国日报网5月29日报道③，宁夏盐池县妇联创新开展"敲门行动"，组织"兰花姐姐"巾帼志愿者以方言俚语为纽带，深入乡村倡导文明新风。志愿者带着小马扎走村入户，在墙根下、树荫旁开设"板凳课堂"，用"日子抗硬""儿孙自有福"等群

---

① 杨泳红、苏凯芳：《学习闽南语爆火》，《泉州晚报》2024年5月4日。
② 姚丽敏：《"沪语学堂"走进街区，梧桐树下见证历史与现代交融》，上海徐汇微信公众号，https://mp.weixin.qq.com/s?__biz=MjM5ODU1ODczMw==&mid=2653360803&idx=3&sn=30884fb052a7529395d202c90c5511ea。
③ 胡冬梅：《宁夏盐池"兰花姐姐"方言俚语倡新风》，中国日报网，https://cn.chinadaily.com.cn/a/202405/29/WS6656825ba3109f7860ddfdf2.html。

众听得懂的乡土话语，将高额彩礼的危害、勤劳致富的道理娓娓道来。

在麻黄山乡的宣讲现场，志愿者围坐成圈，带头讲述简朴婚俗故事，带动村民参与移风易俗讨论。这种接地气的宣讲方式，让文明婚俗理念如春风化雨般浸润人心，既保留了方言承载的文化记忆，又推动了乡风文明建设，形成了独具特色的基层治理新实践。

沪语配音版《乌鸦与麻雀》亮相上海国际电影节

据《文汇报》6月17日报道①，第二十六届上海国际电影节期间，沪语新配版《乌鸦与麻雀》以独特韵味重现大银幕。专家表示，沪语配音并非简单转译，而是对海派文化基因的深度激活。创作团队在保留原片精髓的基础上，通过方言俚语的精妙运用，使经典叙事与现代审美产生奇妙化学反应。这种创新尝试，既让老观众在乡音中重温时代记忆，也为年轻群体打开了解上海文化的语言之窗，实现了电影遗产的当代性转化。

动画电影方言创新获网友热捧

据红网7月5日报道②，动画电影《二郎神之深海蛟龙》预告中，天津方言版麒麟兽一句"二郎掰掰"引发全网热议，相关话题迅速登上热搜。这只被戏称为"海河神兽"的动画形象，不仅展现了浓郁的地方文化特色，更成为年轻观众热议的文化现象。业内人士指出，方言元素融入动画创作是文化自信的重要体现。影片通过天津方言的巧妙运用，既回应了年轻群体对文化多样性的期待，也实现了传统文化元素的现代性转化。这种创新尝试让方言文化以更生动的形式进入大众视野，既拉近了作品与观众的情感距离，也为传统文化传播开辟了新路径。

"洋网红"方言技能引爆网络 跨文化交流展现中国魅力

据新华网7月7日报道③，随着外国游客对中国文化的探索热情持续高涨，"city 不 city"成为网络热词，"China Travel"相关视频在海外社交平台持续霸榜。值得关注的是，一批深谙本土方言的"中国通"正成为现象级文化传播者，他们突破浅层旅游体

---

① 卫中：《沪语新配〈乌鸦与麻雀〉：为经典赋予时代新灵魂》，《文汇报》2024年6月17日。
② 秦安兰：《动画中出现会讲方言的麒麟兽，这个值得夸!》，红网，https://hlj.rednet.cn/content/646841/97/14074150.html。
③ 任卓如、吴思：《我在中国丨方言说得溜 这些"洋网红"深度融入中国地方生活》，新华网，http://www.xinhuanet.com/local/20240707/0c3d0d2622564aebbbd2e0e14980a515/c.html。

验，以方言为钥匙打开地方生活的大门。

泉州首推幼儿园闽南语师资培训项目

据《泉州晚报》8月2日报道①，为构建闽南语保护传承体系，泉州市鲤城区正式启动"世遗古城·乡音袅袅"幼儿园闽南语师资培训工程。该项目创新采用"理论授课+实践演练"双轨模式，邀请闽南语研究专家、非遗代表性传承人组建导师团队，为来自24所幼儿园的57名教师开展为期三天的沉浸式研修。参训教师表示，系统化培训不仅提升了方言表达能力，更深化了对乡土文化的认知。

电视剧《边水往事》热播带火云南方言 地方乡音引发观众共鸣

据《都市时报》9月3日报道②，随着电视剧《边水往事》的持续热播，富有地域特色的云南方言引发广泛关注。该剧在西双版纳取景拍摄，为增强故事发生地的文化质感，不仅原创了虚构语言"博磨语"，更大量融入昆明话、曲靖话等多地方言。云南观众在追剧过程中不时捕捉到熟悉的乡音，对剧中呈现的地域文化产生强烈共鸣。

《边水往事》的热播，既是对云南多元文化的一次影像化展示，也预示着在"一带一路"倡议深入推进的进程中云南方言将承载更多文化交流使命，成为连接中国与东南亚、南亚国家的人文纽带。

阿根廷青年深耕上海方言保护

据《新民晚报》10月19日报道③，阿根廷小伙吴飞得与上海方言结下深厚缘分。刚毕业的他正忙碌于将多年研究成果整理成书，内容涵盖语音、词汇和语法，记录了他与搭档四年间的调查成果。凭借计算机专长，他与志同道合的朋友创立了"吴语学堂"，并制作了免费的在线吴语词典，方便网友查阅吴语区各地方言的字音和词语。

建瓯方言宣讲队助力交通安全宣传

据东南网12月3日报道④，建瓯交警结合"美丽乡村行"交通安全巡回宣传活动，在"全国交通安全日"前夕，针对农村群众多用地方方言交流的特点，组建了一支方

---

① 张君琳：《幼儿园老师接受闽南语教学培训》，《泉州晚报》2024年8月2日。
② 付晓海：《〈边水往事〉火了，云南方言还会更火》，《都市时报》2024年9月3日。
③ 《"上海女婿"爱上金山土话：保护传承吴侬软语》，《新民晚报》2024年10月19日。
④ 林萌、雷宏鸣、陈建宏：《建瓯：方言宣讲队 让交通安全"声"入人心》，东南网，https://np.fjsen.com/wap/2024-12/03/content_31793657.htm。

言宣讲队，为农村群众举办了一场别开生面的方言宣讲会，以生动有趣的形式普及交通安全知识。建瓯交警携手建瓯市夕阳红艺术团，共同创作并表演了交通安全三句半节目《铭记交规 善待生命》。节目采用当地质朴的方言，搭配欢快的节奏、押韵的说词以及通俗易懂的表演形式，向老年人宣传交通安全知识，倡导大家自觉遵守交通法规，做到平安文明出行。这种接地气的宣传方式深受村民喜爱，让交通安全知识在轻松愉快的氛围中"声"入人心。

昆明翠湖公园方言墙成网红打卡地 游客沉浸式体验方言魅力

据搜狐网12月2日报道①，昆明翠湖公园新设的方言墙成为一道独特的风景线。在方言墙前，游客们络绎不绝，或拍照打卡，或驻足观赏。墙上的童谣、方言和歇后语不仅吸引了外地游客的目光，也让昆明本地人停下脚步，回忆起美好的童年时光。本地市民对墙上的方言进行生动形象的讲解，幽默风趣的描述让外地游客兴趣盎然，纷纷加入猜方言谜语的行列，现场气氛热烈。这面方言墙不仅为游客提供了沉浸式的文化体验，也让昆明方言在新时代焕发新的活力，成为文化交流的生动载体。

李宇春新歌《茶花开了》融入方言 唤起听众乡愁

据搜狐网12月3日报道②，李宇春与王睿卓合唱的歌曲《茶花开了》备受瞩目，这首歌不仅旋律动听，更因其独特的文化内涵触动了无数人的心弦。歌曲的词曲作者林晨阳，出生于温州泰顺的仕阳镇，他巧妙地将泰顺方言融入歌词，让听众在熟悉的乡音中感受到了浓浓的乡愁。这首歌借助音乐的力量展现了地方文化的独特魅力。这种创新的表达方式，让方言在新时代焕发新的活力，也让听众在熟悉的旋律中感受到了文化的温度。

紫阳创新普法方式：用方言土语讲好情理法理

据《陕西日报》12月24日报道③，中宣部、司法部等部门提出要求，全国每个行政村至少要培养3名"法律明白人"。然而，紫阳县地处巴山北麓、汉江上游，当地方言复杂，五里不同音，十里不同俗，甚至每个乡镇都有自己的方言土语。这给普法工

---

① 《翠湖方言墙"搞名堂"吸引游客挑战昆明腔》，搜狐网，https://travel.sohu.com/a/832527898_120815119。
② 《小伙用方言唤醒乡愁，李宇春新歌〈茶花开了〉让人泪目》，搜狐网，https://yule.sohu.com/a/832758483_121924583。
③ 郑斐：《用方言土语讲好情理法理》，《陕西日报》2024年12月24日。

作带来了巨大挑战，县干部去普法时，常被群众吐槽"听不懂、不实用"，严重影响了普法工作的开展。

为解决这一难题，2024年以来，紫阳县采取线上线下相结合的方式，分批组织"法律明白人"开展培训，提升他们的法律素养和能力水平，并要求他们学会用方言俗语来解释专业的法律法规知识。紫阳县城关镇会仙桥社区的巾帼"法律明白人"沙波表示："培训内容都是我们身边发生的事、遇到的问题，需要我们用通俗易懂的方言讲出来。"这种创新的普法方式，让法律知识更贴近群众生活，也更容易被群众接受，有效提升了普法工作的实效性和针对性。

二 民族语言的使用

"新疆民族文学原创和民汉互译作品工程"13年成果丰硕 出版作品358部

据天山网2月23日报道①,自2011年起,新疆维吾尔自治区启动了"新疆民族文学原创和民汉互译作品工程",旨在扶持新疆地区作家的原创作品,促进各民族作家及作品之间的翻译与交流。13年来,该工程成果显著,累计出版多民族作家作品358部,其中近200部优秀作品实现了民汉互译。

新疆作家协会副主席叶尔克西·胡尔曼别克指出,这项工程不仅为新疆培养了大量文学翻译人才,还搭建了增进各民族了解与互信的文学平台。通过翻译作品,各民族读者能够在文字中感受到共同的生活体验和真挚情感,从而促进彼此之间的顺畅交流,推动了新疆文学的多元发展和文化交流的深度融合。

第八届全国藏文书法日主题活动成功举办

据青海日报百家号消息②,4月30日,玉树藏族自治州文联与玉树州书法家协会在新寨嘉那玛尼广场联合举办了第八届全国藏文书法日主题活动。活动吸引了20余名本土藏文书法家参与,他们现场创作并赠送了300余件书法作品。

在活动现场,书法家们展示了传统藏文楷书、行书,以及个性化的草书和创意书法等多种风格与技法,吸引了众多市民驻足欣赏。此次主题活动以"全国藏文书法日"为契机,充分展示了玉树书法事业近年来的发展成果,凸显了书法的美育功能,进一步加深了市民对藏文书法艺术的认知和热爱。

---

① 蒋大伟:《"新疆民族文学原创和民汉互译作品工程"累计出版作品358部》,天山网,https://www.ts.cn/xwzx/whxw/202402/t20240223_19351610.shtml。
② 程宦宁:《玉树州举办第八届全国藏文书法日主题活动》,青海日报百家号,https://baijiahao.baidu.com/s?id=1797848622856911682&wfr=spider&for=pc。

《安丘土话讲故事》出版

据潍坊融媒百家号 6 月 25 日消息①，由山东大学文学院顾问朱瑞祥和安丘市委宣传部原部长张维荣两位年逾古稀的老人编著的《安丘土话讲故事》一书正式出版。《安丘土话讲故事》共收录了 191 篇短文，内容涵盖笑话、故事、纪实、儿歌等多种题材。该书以通俗易懂的方式，将大量俗语和土话自然地融入其中，旨在保留安丘方言的精髓。为了方便读者更好地理解和感受方言的魅力，作者为每篇短文都录制了音频，并制作成二维码印在文章的开头或结尾。读者只需用手机扫码，即可听到地道的安丘方言朗读，感受地方文化的独特韵味。

邮储银行手机银行藏语服务推广启动会召开

据中国邮政储蓄银行官网消息②，中国邮政储蓄银行西藏自治区分行于 8 月 26 日召开手机银行藏语服务全区推广启动会议。此次会议旨在通过推广手机银行藏语服务，提升对本地客户，尤其是县域客户的服务水平，为西藏自治区的经济发展持续贡献力量。通过藏语服务的推广，中国邮政储蓄银行将进一步助力西藏地区的金融发展，为当地居民提供更加便捷、高效的金融服务。

乌英苗寨：从"美丽新娘"到山乡巨变

据《中国文化报》报道③，12 月 14 日傍晚，在经过 2 小时高铁、1 个多小时高速公路和 5 小时盘山公路的长途跋涉后，由广西壮族自治区民族宗教事务委员会组织的"铸牢中华民族共同体意识"文艺采风小分队抵达了大苗山深处的乌英苗寨。

乌英苗寨在苗语中意为"美丽的新娘"，但这里曾经生活条件艰苦，群众思想相对封闭，鲜有姑娘愿意嫁入。经过脱贫攻坚战，乌英苗寨发生了翻天覆地的变化。乌英苗寨联合党支部的贵州支书潘进田介绍，如今的乌英苗寨旧貌换新颜，贫困与封闭已成为过去，取而代之的是充满希望与活力的新生活。文艺采风小分队的到来，不仅亲自见证了这片土地的变迁，也用行动推进中华民族共同体的构建。

---

① 王玉芳：《耄耋老人再出方言巨著〈安丘土话讲故事〉》，潍坊融媒百家号，https://baijiahao.baidu.com/s?id=1802821757047736280&wfr=spider&for=pc。
② 《邮储银行推出手机银行藏语服务助力西藏金融发展》，中国邮政储蓄银行官网，https://www.psbc.com/cn/fhpd/xndq/xzzzqfh/fxdt_1241/202409/t20240919_261843.html。
③ 宾阳：《苗寨共话山乡变迁》，《中国文化报》2024 年 12 月 24 日。

三 汉语方言和民族语言保护

国家图书馆发布"中华古籍资源库"新增数字资源

据央视网报道①，国家图书馆在1月26日宣布，"中华古籍资源库"新增了1012种14175册984525叶的数字资源。至此，"中华古籍资源库"已发布超过10.4万部（件）古籍影像资源。

此次新增的古籍影像资源涵盖了善本古籍574种和普通古籍438种。其中，包括60册珍贵的《永乐大典》，以及明代重要的版画著作《程氏墨苑》和现存最早的《西游记》版本——明万历世德堂刻本《新刻出像官板大字西游记》。此外，普通古籍部分还包含了文字学和金石学方面的文献，为读者的研究提供了系统且全面的专题资料。这些资源的数字化不仅为学术研究提供了便利，也让更多人能够领略到中华古籍的独特魅力，尤其是那些被称为"唯一活着的象形文字"的古老文字，展现了中华文化的深厚底蕴。

"世界藏学府"拉卜楞寺藏文古籍数字化保护工作稳步推进

据中国新闻网2月5日报道②，"世界藏学府"拉卜楞寺藏文古籍数字化保护工作正在有序开展。拉卜楞寺文物管理委员会成员更登丹巴在接受采访时表示，正对寺内库存的6.8万余函古籍善本进行编目、建档和归档工作，为后续的数字化文物保护工作奠定坚实基础。

此次古籍整理工程始于2000年，寺院组织了近30名僧人参与其中，每年投入4个月的时间进行整理。更登丹巴介绍，整理工作计划对不同类别的古籍进行分级分类存藏，并采用"专架"管理模式对珍贵古籍进行重点保护，以确保藏传佛教经典古籍能够得到永久性保存。这一举措不仅有助于保护和传承珍贵的文化遗产，也为未来的研

---

① 《盛世修文！一起欣赏"唯一活着的象形文字"》，央视网，https://news.cctv.com/2024/01/28/ARTIOxQYZHWBQmx4UYt4EFKr240128.shtml。
② 闫姣：《"世界藏学府"拉卜楞寺6.8万余函藏文古籍建档归案》，中国新闻网，http://www.chinanews.com.cn/gn/2024/02-05/10159508.shtml。

究和展示提供了便利条件。

泉州"正音书院"文化会客厅新春专场：闽南语文化魅力绽放

据东南网 2 月 23 日报道①，由泉州市委宣传部、市文旅局、市文旅集团联合主办的"福暖四季·福如泉涌""正音书院"文化会客厅非遗展演新春专场活动顺利举办。"正音书院"文化会客厅负责人王俪霖表示，本次非遗展演注重趣味性和互动性，通过精心设计的活动环节，让观众能够近距离、深层次地接触闽南艺术。活动旨在将非遗融入人们的日常生活，使其走进人间烟火，实现活态传承。这样的文化活动不仅丰富了市民的文化生活，也为闽南文化的传承与发展注入了新的活力。

《新纂云南通志》白话文翻译校注完成

据云南网 2 月 23 日报道②，云南省地方志办公室宣布，《新纂云南通志》的白话文翻译校注工作已经圆满完成，总字数达到 400 万字。这项工作自 2022 年起开展，涵盖凡例、大事记、忠节传等 16 个部分，共 72 卷，为实现"让云南人民读懂云南志"这一目标奠定了坚实基础。《新纂云南通志》的白话文译注成果将通过云南省地方志办公室的"一部手机读云南"等数字媒体和平台进行推广传播。这一举措旨在进一步提升地方志服务群众的能力，让广大人民群众能够读懂地方志，深入了解云南的历史文化。

沈铁梅：多措并举保护方言文化，推动地方戏曲繁荣发展

据华龙网 3 月 7 日报道③，全国政协委员、中国剧协副主席、重庆市文联主席、重庆市川剧院院长沈铁梅提出了《关于保护方言文化，促进地方戏曲发展》的建议，旨在通过多种方式保护方言文化，推动地方戏曲的传承与发展。

一是加强方言的传承保护工作。相关职能部门尤其是文化主管部门及语言文字工作委员会应牵头加强对方言的保护，形成长效规范和有效机制，广泛宣传传承保护方言的重要性。

---

① 陈森森：《"斗阵"来"正音书院"文化会客厅学闽南话》，东南网，https://qz.fjsen.com/2024-02/23/content_31524842.htm。
② 《〈新纂云南通志〉400 万字白话文翻译校注已完成，实现"让云南人民读懂云南志"》，云南网，https://m.yunnan.cn/system/2024/02/23/032952184.shtml。
③ 吴礼霜：《风从巴渝来｜全国政协委员沈铁梅：保护方言文化 促进地方戏曲发展》，华龙网，https://news.cqnews.net/1/detail/1215350268802994176/web/content_1215350268802994176.html。

二是加强对青少年的方言和地方戏曲教学。通过地方戏曲进校园、举办地方戏曲比赛和展览等形式提高学生对本土文化的兴趣和认识。

三是利用新媒体技术传播本土文化。充分利用互联网、社交媒体、线上直播等现代传播手段，扩大地方戏曲艺术的覆盖面，制作高质量的地方戏曲节目和视频，通过网络平台进行传播，让更多人以便捷的方式接触方言和了解地方戏曲艺术，从而激发公众对地方戏曲的热爱。

四是建立方言和地方戏曲保护机制。提倡各地政府给予政策和财政支持。建立方言数据库和地方戏曲档案，对现有的方言和地方戏曲作品进行收集和保存，鼓励多语言、多方言、多文化的文学艺术创作，避免文化遗失。

《字慧务川——黔东北地区务川方言文化辑录》新书发布 深入挖掘方言文化

据中国新闻网3月8日报道[1]，《字慧务川——黔东北地区务川方言文化辑录》一书由贵州出版集团贵州人民出版社正式出版发行。该书是务川籍青年学者蔡进刚编著、贵州省仡佬学会推出的重要研究项目，以收集、研究、破解务川方言中"会说不会写"的"字"为核心内容，并为这些字溯源，附上原汁原味的务川话例句，编撰成独立章节，使内容生动鲜活。在此基础上，书中系统整理了务川话的二字词、三字词、四字词、俚语、俗语、言子、谜语、童谣等。

中国语言资源保护工程"第一次全国汉语方言普查成果汇编"专项验收会成功召开

据语宝微信公众号消息[2]，中国语言资源保护工程"第一次全国汉语方言普查成果汇编"专项验收会于2024年3月22日在北京顺利举行。此次验收会的成功召开，标志着第一次全国汉语方言普查工作取得了阶段性的重要成果。通过这次会议，各方专家和工作人员对普查成果进行了全面的梳理和评估，为后续的编纂出版工作奠定了坚实的基础。这不仅是对方言资源保护工作的阶段性总结，更是对我国丰富多样的语言文

---

[1] 唐哲：《〈字慧务川——黔东北地区务川方言文化辑录〉新书发布》，中国新闻网，https://m.chinanews.com/wap/detail/chs/zw/7268018hcyhwthdf.shtml。

[2] 《中国语言资源保护工程"第一次全国汉语方言普查成果汇编"专项验收会顺利举行》，语宝微信公众号，https://mp.weixin.qq.com/s?__biz=MzAwNDY2MjE2MQ==&mid=2652432959&idx=1&sn=41ed84a9011197d6771b871fb308da80&chksm=80c43cc1b7b3b5d772a86403e88b9aba71f9848836bd318444bb2644beba6a3f5a1caec08b07&token=3279。

化遗产的一次全面梳理和展示,对于传承和弘扬中华优秀传统文化具有重要意义。

《中国语言资源集·福建》发布

据东南网 3 月 29 日报道①,《中国语言资源集·福建》发布仪式在福建省图书馆隆重举行。《中国语言资源集·福建》全书共 5 卷 12 册,总计 500 余万字,是福建省迄今为止体量最大的一套系统记录福建方言资源的著作。该书的出版,不仅为福建方言的保护和传承提供了重要依据,也为语言学研究者提供了丰富的学术资料。它详细记录了福建各地的方言发音、词汇、语法等特点,展现了福建方言的多样性和独特性。这一成果的发布,标志着福建省在语言资源保护方面迈出了坚实的一步,也为全国语言资源保护工作贡献了宝贵的经验。

《太原方言》邮资明信片发行

据中国新闻网 4 月 8 日报道②,一套融合太原地方民俗文化的《太原方言》邮资明信片在山西太原正式发行,这标志着中国邮政首次推出以太原方言为主题的邮资明信片。该套明信片共 8 枚,邮资图采用 80 分"映日荷花",精心挑选了 8 个具有代表性的太原方言,并邀请太原漫画家王斌礼进行绘制,以方言漫画的形式呈现,兼具生动性与趣味性。

漳州举办漳台亲子闽南语研习公益活动传承乡音乡情

据人民网 4 月 15 日报道③,一场以"不忘乡音 流传乡情"为主题的漳台亲子闽南语研习公益活动在漳州市青少年宫顺利举行。此次活动由漳州市青少年宫和芗城区台湾同胞联谊会联合主办,吸引了 30 个漳籍和台籍家庭积极参与。

活动特别邀请了闽南语方言发音人郑煜担任主讲人。他通过生动有趣的讲解,引导漳台青少年深入了解闽南语不仅是连接两岸人民情感的天然纽带,更是承载两岸同根同源闽南文化的重要载体。活动旨在进一步增强孩子们对闽台传统语言艺术的认同感,激发他们共同弘扬闽南文化的责任感,培养"两岸一家亲"的深厚家国情怀。

---

① 冯川叶:《福建省语言资源保护建设史上重大标志性成果〈中国语言资源集·福建〉发布》,东南网,http://fjnews.fjsen.com/2024-03/29/content_31550041.htm。
② 胡健:《〈太原方言〉邮资明信片发行 中国多地多形式保护方言》,中国新闻网,https://www.chinanews.com/sh/2024/04-08/10194844.shtml。
③ 苏海森、刘钦赐:《不忘乡音流传乡情 漳州举办漳台亲子闽南语研习公益活动》,人民网,http://fj.people.com.cn/n2/2024/0415/c181466-40810804.html。

《汉佤大词典》正式出版发行 专家揭秘佤族文字发展

据中国新闻网 5 月 2 日报道①，《汉佤大词典》在云南省临沧市沧源佤族自治县成立 60 周年之际正式出版发行。这是一部国家通用语言文字与佤语双语对照的大型综合性工具书，收录了超过 7 万条词条，总字数达 500 余万字。《汉佤大词典》的出版，不仅为佤族语言文字的统一和规范提供了重要依据，也为各民族之间的相互学习和借鉴搭建了桥梁。

复旦大学团队在汉语方言传播研究中取得新进展

据中国新闻网 5 月 18 日报道②，中国学者通过系统研究发现，汉语方言的多样性与其地理分布有紧密的联系。人群的迁徙和融合不仅改变了人口的分布格局，也促进了语言的深度交融。此外，研究还揭示了语言、基因和地理距离之间存在显著的两两强相关性。

据悉，复旦大学现代语言学研究院、复旦大学智能复杂体系基础理论与关键技术实验室张梦翰研究团队联合复旦大学生命科学学院徐书华教授团队以及复旦大学中国科学院院士金力团队，在《自然·人类行为》杂志上发表了相关研究成果。该研究综合运用了语言学、群体遗传学和生态学等多学科的理论和方法，分析了中国各地的语言与群体遗传结构之间的关系，揭示了汉文化传播和融合的多种模式，为探究汉族人群的人口活动与语言文化交融的复杂历史提供了全新的视角。

《现代汉语词典》（第七版）汉藏对照全文版翻译审定工作完成

据中国新闻网 5 月 22 日报道③，《现代汉语词典》（第七版）汉藏对照全文版的翻译审定工作已圆满完成。这项工作由青海省民族宗教事务委员会组织实施，旨在满足人民对国家通用语言文字的教育和服务需求。青海省民族宗教事务委员会少数民族语言文字工作中心副主任才让本表示，《现代汉语词典》（第七版）汉藏对照全文版包含汉语词条 7 万余条、藏语词条 20 余万条，总页数 8300 多页。该词典不仅提供了重要的

---

① 缪超、刘冉阳：《〈汉佤大词典〉出版发行 专家揭秘佤族文字发展史》，中国新闻网，https://www.chinanews.com.cn/cul/2024/05-02/10210231.shtml。
② 陈静、李斯嘉：《汉语方言如何传播？复旦大学团队研究获新突破》，中国新闻网，https://m.chinanews.com/wap/detail/zw/sh/2024/05-18/10219220.shtml。
③ 张添福：《〈现代汉语词典〉（第七版）汉藏对照全文版完成翻译审定》，中国新闻网，http://www.chinanews.com.cn/sh/2024/05-22/10221625.shtml。

语言学习工具，也为促进民族文化交流和教育发展做出了积极贡献。

青海省人大常委会推进少数民族语言文字立法调研工作

据《青海日报》报道①，为确保《海西蒙古族藏族自治州蒙古语言文字藏语言文字工作条例》的审查批准工作顺利进行，青海省人大民族侨务外事委员会调研组于5月29日至30日前往海西蒙古族藏族自治州展开立法调研活动。

调研组深入德令哈市民族学校以及柯鲁柯镇农垦博物馆等，通过实地考察和与教育行政部门工作人员、学校师生、基层干部进行面对面交流等方式，全面了解国家通用语言文字的推广情况以及蒙古语言文字和藏语言文字工作的开展状况。此外，调研组还召开了座谈会，针对立法过程中遇到的具体困难和问题进行深入研究探讨，力求为少数民族语言文字工作提供更加科学、有效的法律保障。

中国语言资源保护工程2024年度工作会议在开封召开

据教育部官网报道②，中国语言资源保护工程2024年度工作会议于6月21日在河南开封顺利召开。此次会议聚焦强化国家语言能力建设，全面回顾了中国语言资源保护工程二期的建设成果，并深入研究了中国语言资源保护工程扩容升级的策略，致力于全面服务国家战略需求，部署了一系列重点建设任务。会议期间正式发布了《中国语言资源集》黑龙江、河南等10省（区、市）的分省卷。

会议强调，中国语言资源保护工程应以习近平新时代中国特色社会主义思想为指导，全面贯彻党的二十大精神，紧密围绕教育强国建设的要求，精准把握当前形势与任务，切实增强工作的责任感与使命感。通过这些举措，会议旨在进一步推动语言资源的保护与利用，为国家的语言文化建设奠定坚实基础。

多地鼓励家庭使用方言以助力方言传承

据澎湃新闻6月27日报道③，为播撒方言的种子，多地开始倡议家长在家庭生活中多与孩子使用方言交流。江西省抚州市南城县文化广电新闻出版旅游局在回应委员提案时指出，将结合本地实际情况，进一步加强对方言保护工作的研究与探索，通过

---

① 乔欣：《省人大常委会开展少数民族语言文字工作立法调研》，《青海日报》2024年6月5日。
② 《中国语言资源保护工程2024年度工作会议召开》，教育部官网，http://www.moe.gov.cn/jyb_xwfb/gzdt_gzdt/s5987/202406/t20240621_1137100.html。
③ 钟煜豪：《多地倡议家长和孩子说方言：每天学一句，课后校外多用方言交流》，澎湃新闻，https://www.thepaper.cn/newsDetail_forward_27877742?commTag=true。

开展各类活动，激发学生对方言的兴趣，提高他们学习方言的积极性，并向全社会发出倡议，鼓励家长在日常生活中使用南城方言与孩子沟通。

5月，厦门市教育局也针对闽南话的保护传承问题做出回应。教育局根据幼儿园、小学、中学不同年龄段学生的特点，指导学校开展形式多样的闽南话教学及相关活动。6月，杭州市临平区教育局表示，在坚持学校以普通话为教学语言的基础上，同样重视临平方言的传承与保护工作。

《中国语言资源集·湖北》出版

据《湖北日报》7月11日报道①，经过8年的精心编纂，一部全面记录湖北方言的巨著——《中国语言资源集·湖北》由中国社会科学出版社正式出版。这部10册约450万字的方言大百科全书，是湖北省学者多年心血的结晶，也是中国语言资源保护工程湖北方言调查项目的标志性成果，全面展现了湖北方言的现状。

该书由华中师范大学汪国胜教授主编，30余位学者共同参与编写。书中详细收录了湖北省内西南官话、江淮官话和赣语等50个市县的方言语音、词汇、语法以及口头文化，为湖北方言的深入研究提供了极为丰富的第一手资料。这部著作不仅对方言文化的保护和传承具有重要意义，也为汉语方言的比较研究、语言理论的构建以及区域文化的发展提供了重要的学术支撑。

黑龙江：多方协作抢救满族文化 守护民族记忆

据新华网7月11日报道②，黑龙江地区在满族文化保护方面取得了显著进展。一句民间顺口溜"瞅着是个棒，浑身都是刺，勾勾挠挠，细看是个满族字"，形象地描述了满族文字的独特魅力。满族的起源可以追溯到2000多年前的东北"白山黑水"地区，如今其后裔主要分布在辽宁、河北、黑龙江和吉林等地。然而，随着社会的发展，满族传统文化传承正面临挑战。

自2010年起，黑龙江大学满学研究院与香港大学饶宗颐学术馆合作，启动了满族文化抢救开发研究项目，目前已完成两期。黑龙江省满语研究所原所长赵阿平带领团队深入哈尔滨等地的满族聚居区，开展田野调查，收集了大量珍贵的第一手语料。经过多年的努力，满族语言文化数据库和中国满通古斯语言语料数据库已初步建成，为

---

① 韩晓玲、罗之南、江思瑶：《莫让方言成为消失的历史》，《湖北日报》2024年7月11日。
② 杨思琪：《黑龙江少数民族文化保护一线见闻》，新华网，http://www.news.cn/politics/20240711/962212b947e34e108d46352b40467435/c.html。

濒危的满族语言文化及满文古籍文献的信息化和数字化提供了有力保障。这些成果不仅为满族文化的传承奠定了坚实基础，也为研究者提供了宝贵的资料，为守护民族记忆贡献了重要力量。

陕北方言博物馆在米脂县开工建设

据《榆林日报》报道①，米脂县陕北方言博物馆建设项目8月8日正式开工。该项目总投资约5991.27万元，占地面积3506.67平方米，总建筑面积达7400平方米，室外铺装面积420平方米，景观绿化面积1087平方米。博物馆建成后，将通过生活民俗、美食趣谈、商业活动、戏剧曲艺等多个板块，结合方言点读、漫画解说、触屏互动、仿真体验等多种形式，以听、说、读、看相结合的展陈方式和沉浸式体验，帮助公众在轻松愉悦的氛围中领略陕北方言的独特魅力。

90岁民族语言学家孙宏开逝世 一生守护濒危语言

据澎湃新闻报道②，我国著名民族语言学家孙宏开先生于8月15日因病在北京逝世，享年90岁。孙宏开先生是中国社会科学院荣誉学部委员、民族学与人类学研究所研究员，同时担任中国民族语言学会名誉会长及中国语言资源保护工程专家咨询委员会委员。

孙宏开先生是新中国培养的第一代民族语言学家，他一生致力于民族语言的研究与保护。在其学术生涯中，他先后发现了15种新语言，并对30余种汉藏语系语言进行了系统的调查和研究。早在20世纪80年代，孙宏开先生就敏锐地意识到中国境内许多少数民族语言面临濒危的困境。在对少数民族语言进行广泛调查的同时，他积极呼吁并亲身参与濒危语言的抢救工作，为保护这些珍贵的语言资源做出了不可磨灭的贡献。他的去世是中国语言学界的重大损失，但他留下的学术遗产和对语言保护的执着精神将永远激励后来者继续前行。

泉州鲤城区启动"九个一"项目 助力闽南方言传承

据泉州网9月4日报道③，泉州市鲤城区在推进闽南方言保护传承方面迈出了重要

---

① 李云飞、朱婵：《米脂县陕北方言博物馆建设项目开工》，《榆林日报》2024年8月9日。
② 蒋子文：《90岁民族语言学家孙宏开逝世，长期致力于保护国内濒危语言》，澎湃新闻，https://www.thepaper.cn/newsDetail_forward_28421636。
③ 殷斯麒、李梦娴：《鲤城推进闽南方言抢救性保护传承"九个一" 助闽南语活起来用起来》，泉州网，https://www.qzwb.com/gb/content/2024-09/04/content_9071439.htm。

一步。文化是国家和民族的灵魂,党的二十届三中全会通过的《中共中央关于进一步全面深化改革、推进中国式现代化的决定》强调了深化文化体制机制改革的重要性,为新时代文化改革发展指明了方向。为深入贯彻全会精神,泉州市委宣传部联合泉州晚报社开设了"深入学习贯彻党的二十届三中全会精神——文化的力量"专栏,宣传泉州在赓续中华文脉、推动文化繁荣方面的生动实践。

鲤城区委宣传部和鲤城区社科联联合主办的"鲤承文化"闽南语保护传承"九个一"项目发布仪式在泉州市实验幼儿园举行。该项目的发布标志着鲤城区在闽南方言保护和传承方面迈出了坚实的一步。通过这一系列举措,鲤城区旨在让闽南语不仅活起来,更广泛地应用到日常生活中,为传承和弘扬地方文化注入新的活力。

全国藏语术语标准化工作推进会议在拉萨召开

据中国日报网报道[①],为推动藏语新词术语的标准化和规范化,全国藏语术语标准化工作委员会于9月7日至8日在拉萨举办了"两委"换届会议暨2023年藏语新词术语审定会。此次会议由全国藏语术语标准化工作委员会主办,中国藏学研究中心科研业务办公室与西藏自治区藏语文工作委员会办公室(编译局)联合承办,吸引了来自西藏及其他省份的50余位长期从事藏语术语工作的单位代表和专家学者。

会议旨在通过专业审定,提升藏语新词术语的标准化水平,促进藏语在现代社会中的规范使用。与会专家们对新出现的藏语术语进行了深入讨论和严格审定,确保其科学性、准确性和实用性。通过此次会议,藏语术语标准化工作不仅为藏语的规范化发展提供了有力支持,也为藏族文化的传承与发展做出了积极贡献。这一举措有助于推动藏语在教育、媒体、科技等领域的广泛应用,进一步弘扬民族文化。

泉州鲤城区打造29个闽南语方言角 线上线下联动传承闽南语

据泉州网9月17日报道[②],泉州市鲤城区近年来积极投入闽南方言的抢救性保护与传承工作,致力于恢复闽南语的传承生态。在线上,鲤城区搭建了"福娃乡音·泉腔鲤音"闽南语公益自学平台,为市民和游客提供了便捷的学习渠道。在线下,鲤城区积极推进闽南语公益自助学习空间的建设,已建成并投入使用29个闽南语方言角。

这些闽南语方言角作为线上平台的线下延伸,依托社区文明实践站、邻里中心、

---

① 达穷:《藏语术语标准化工作为民族文化传承与发展作出贡献》,中国日报网,https://ex.chinadaily.com.cn/exchange/partners/82/rss/channel/cn/columns/j3u3t6/stories/WS66de955fa310a792b3abb215.html。
② 黄凯杰、李梦娴:《鲤城建设29个闽南语方言角》,泉州网,https://www.qzwb.com/gb/content/2024-09/17/content_9073482.htm。

文化空间等场所而建，为市民和游客提供了自主学习闽南语的实体空间。通过线上线下相结合的方式，鲤城区不仅为闽南语的传承提供了多元化的平台，也为保护和弘扬这一独特的地方文化注入了新的活力。这种创新的传承模式，不仅方便了本地居民的学习，也为外来游客提供了深入了解闽南文化的窗口，进一步推动了闽南语的保护与传承。

《普通话1000句》汉藏对照版在拉萨发布并赠书

据中国西藏网报道①，9月20日，西藏自治区藏语文工作委员会办公室（编译局）在拉萨成功举办了《普通话1000句》汉藏对照版新书发布会及赠书仪式。西藏自治区人民政府副主席甲热·洛桑丹增出席了此次活动，西藏自治区藏语文工作委员会办公室（编译局）党组副书记、主任达娃次仁在会上详细介绍了新书的出版情况。此外，会上还宣读了语文出版社发来的贺信，并向与会代表赠送了新书。

《普通话1000句》汉藏对照版的翻译出版，以"第27届全国推广普通话宣传周"为契机，旨在筑牢国家语言基石，助力国家通用语言文字在农牧区的推广和普及。这一举措不仅有利于尊重和保护民族语言特色，还能提升群众的语言表达能力和综合素质，促进民族间的沟通交流、互学互鉴和团结友爱。

《中国少数民族大辞典·纳西族卷》 30年磨一剑在昆明首发

据云南理论网报道②，《中国少数民族大辞典·纳西族卷》新书首发式于9月21日下午在云南省文史研究馆隆重举行。该书由国家出版基金资助，云南民族出版社出版发行，由纳西族著名学者郭大烈担任主编，历经30年精心编纂而成。

这部辞典以铸牢中华民族共同体意识为核心，收录5600余个词条和1000张珍贵图片，总字数达270万字。它通过翔实的史料、生动的文字和丰富的图片，全方位、多角度地展现了纳西族在历史、文化、民俗、语言、艺术等各个方面的独特魅力，堪称一部纳西族的百科全书。这部辞典的出版，不仅是对纳西族文化的系统总结，也为民族文化研究提供了宝贵的资料，具有重要的学术价值和文化意义。

---

① 德吉卓玛：《新书发布！普通话初学者的福音》，中国西藏网，http://www.tibet.cn/cn/in/yc/202409/t20240920_7689875.html。
② 沈艳：《〈中国少数民族大辞典·纳西族卷〉在昆明首发》，云南理论网，http://llw.yunnan.cn/system/2024/09/24/033422487.shtml。

安溪县全力筹备 2024 年世界闽南语音乐赛事 助力地方文化发展

据闽南网百家号消息①，泉州安溪县委书记吴毓舟于 10 月 9 日主持召开县委重点工作调度会，听取 2024 年世界闽南语金曲颁奖盛典暨海峡两岸闽南语音乐大奖赛的筹备工作汇报，并研究部署下一阶段的工作。县委常委、县委宣传部部长吴振法出席了此次会议。

该赛事是一个兼具创新性、独特性和世界性的音乐文化品牌活动。2024 年的赛事已于 7 月 14 日在马来西亚举行全球启动仪式，并举办了"中马之夜"文艺演出。经过前期的分期赛和十强赛的激烈角逐，总决赛将于 10 月 31 日晚在安溪县梧桐体育馆举行，届时将决出冠、亚、季军以及十强选手等重要奖项。此次赛事不仅为闽南语音乐搭建了一个国际化的展示平台，也为安溪县的文化发展注入了新的活力，进一步推动了海峡两岸及全球闽南语音乐文化的交流与传承。

南昌话方言大赛：以"最南昌"的方式留住乡愁

据中国新闻网报道②，首届南昌话方言大赛 10 月 20 日晚迎来总决赛，成为展示地域文化魅力的新舞台。方言脱口秀的兴起，不仅为文化传承开辟了新赛道，更唤起了人们对家乡的深厚情感。

"无论你走到哪里，与你讲同一方言的人，永远是最懂你的人。方言和乡音，是家乡的象征、乡情的寄托，更是亲情的纽带。"南昌市新建区文化研究者熊玉宝表示，新建区内部的方言存在差异，分为上、下两类。通过举办南昌话方言大赛，用"最南昌"的声音珍视方言、留下乡音、记住乡愁，不仅能够唱响新建区的文旅品牌，还能激发人们对家乡的认同感。保护和传承南昌话，就是留住我们的根。这种以方言为载体的文化活动，不仅让方言在现代社会中焕发出新的活力，也为地方文化的传承和发展提供了新的思路。

我国语言资源保护：现状、成效与展望

据《光明日报》10 月 24 日报道③，我国作为世界上语言资源极为丰富的国家之

---

① 陈泉森、刘伯怡：《筹办世界闽南语音乐赛事 赋能安溪发展》，闽南网百家号，https://baijiahao.baidu.com/s?id=1812599947342739475&wfr=spider&for=pc。
② 卢梦梦：《"南昌话·说新建"——首届南昌话方言大赛总决赛落幕》，中国新闻网，http://www.jx.chinanews.com.cn/news/2024/1022/104824.html。
③ 光明日报联合调研组：《守护乡音中的文化密码——我国语言资源保护的现状和展望》，《光明日报》2024 年 10 月 24 日。

一，拥有五大语系130多种语言、十大汉语方言以及众多土语。教育部和国家语言文字工作委员会分别于2015年和2021年启动了"中国语言资源保护工程"一期和二期建设工作。在大力推广国家通用语言文字的同时，我国也高度重视方言和民族语言的保护与传承。

那么，当前我国各地方言的保护现状究竟如何？中国语言资源保护工程建设取得了哪些显著成效？又面临哪些挑战？带着这些问题，《光明日报》记者联合北京语言大学中国语言资源保护研究中心的学者，深入开展了调研工作，并在此基础上提出了一系列助力语言资源保护工作提质增效的对策建议。这些调研成果不仅为我国语言资源保护工作提供了重要的参考依据，也为未来的发展方向指明了道路。

上海大学发布沪语大模型"小沪" 助力沪语文化传承与创新

据中国新闻网11月10日报道①，上海大学正式推出了沪语大模型"小沪"，旨在推动沪语的保护、发展与传承。该模型是上海大学"繁花"大模型的重要组成部分，由上海大学文学院中文学科团队精心开发，集成了语音识别、大语言模型文字生成和语音合成三大功能，形成了一个交互式AI系统。

"小沪"处于1.0版本阶段，专注于沪语的听说读功能，能够实现沪语朗读、沪语与普通话的双向朗读以及沪语与普通话之间的自由对话。经过严格的质量测试，"小沪"的朗读能力已达到行业领先水平，能够为用户提供高质量的沪语交互体验。这一创新举措不仅为沪语的传承提供了新的技术手段，也为上海方言文化的保护和发展注入了新的活力，展现了科技与文化融合的独特魅力。

广州大学启动粤语语料库建设 推动语言资源数字化

据羊城派报道②，11月14日，大模型与语言资源学术研讨会暨粤语语料库建设与大模型评测重点实验室启动会在广州大学黄埔校区举行。本次大会由广州大学联合广州市社会科学界联合会共同主办，致力于推动语言资源的数字化进程以及大模型应用的多语言服务化，这标志着广东省在粤语语料库建设领域取得了重要进展。

据了解，广州大学与广州市社会科学界联合会经过多轮调研和广泛论证，决定以人工智能时代粤语语言的传承与发展为切入点，携手共建实验室。双方期望通过多学

---

① 许婧：《保护和传承沪语文化 沪语大模型"小沪"在沪首发》，中国新闻网，https://www.chinanews.com.cn/cul/2024/11-10/10316701.shtml。

② 陈亮、广大宣：《粤语语料库建设又进一步！这个活动在广州大学举行》，羊城派，https://6nis.ycwb.com/app/template/displayTemplate/news/newsDetail/120138/53062175.html？isShare=true。

科交叉融合的创新研究，探索一条具有中国特色、岭南风格的城市文化传承、保护与发展之路。此次合作不仅为粤语的数字化保护奠定了坚实基础，也为未来相关领域的研究和应用开辟了广阔前景。

温州：全国专家学者共探乡村语言文字发展新路径

据《温州日报》报道①，12月4日至6日，全国乡村语言文字高质量发展试点建设集中调研在温州展开，来自全国各省（区、市）的相关负责人及代表齐聚一堂，共同探讨语言文字的传承与发展，为乡村语言文字的高质量发展出谋划策。此次调研活动聚集了众多专家学者，他们从不同角度分享了乡村语言文字保护与推广的经验和见解。与会者一致认为，乡村语言文字不仅是地方文化的瑰宝，更是乡村振兴的重要文化支撑。通过此次研讨，各方达成了共识，明确了未来乡村语言文字发展的方向和重点任务，为推动乡村语言文字的高质量发展奠定了坚实基础。

---

① 潘舒畅：《专家学者齐聚 共商乡村语言文字发展》，《温州日报》2024年12月11日。

四　语言文化传承

沪语话剧《繁花》《长恨歌》掀起海派文化热潮

据上观新闻1月3日报道①，沪语话剧《繁花》和《长恨歌》在观众中引发了强烈反响，成为海派文化的新亮点。在《长恨歌》首演20周年之际，该剧推出了沪语版，并在上海话剧艺术中心连演17场，门票早在2023年就已售罄。与此同时，沪语话剧《繁花》也取得了不俗的成绩。该剧的第一季和第二季已演出近百场，深受观众喜爱。随着电视剧《繁花》的热播，沪语作品和海派文化再次成为从网络平台到街头巷尾的热议话题，引发了社会各界对上海本土文化的广泛关注和讨论。

"青芒杯"语言艺术展演在湖南广播电视台启动　全国青少年儿童邀约开启

据人民网报道②，"青芒杯"语言艺术展演启动仪式于1月29日在湖南广播电视台隆重举行，来自全国各地关心语言艺术教育的各界人士齐聚一堂，向全国热爱有声语言艺术的青少年儿童发出诚挚邀请。

"芒果儿童"项目负责人张颖在启动仪式上对展演的整体安排进行了全面而细致的介绍。本次"青芒杯"语言艺术展演面向全国大中小学生以及4岁至6岁的幼儿，分为初试展演、地方总展演、全国总展演和巅峰对决四个阶段。初试展演和地方总展演将在全国各个展演区域依次进行，通过层层选拔，挑选出一批优秀的语言艺术人才。最终，这些脱颖而出的选手将齐聚长沙，进入马栏山，在湖南广播电视台演播厅展开一场全国性的巅峰对决，展示他们的语言艺术才华。

长沙举办汉语艺术盛典　青年朗诵家共襄文化传承

据湖南日报百家号消息③，一场以"薪火"为主题的2024汉语艺术盛典·中国青

---

① 《〈繁花〉演出百场，〈长恨歌〉首演17场售罄，上海话舞台雄起了吗？》，上观新闻，https://www.jfdaily.com/staticsg/res/html/web/newsDetail.html?id=700953&v=1.6&sid=67。
② 苏名卉：《"青芒杯"语言艺术展演正式启动》，人民网，http://hn.people.com.cn/n2/2024/0131/c356888-40733220.html。
③ 刘瀚潞：《传递汉语艺术之美，汉语艺术盛典在长沙举行》，湖南日报百家号，https://baijiahao.baidu.com/s?id=1789612698058886165&wfr=spider&for=pc。

年朗诵家专场朗诵会于1月30日在长沙成功举办，吸引了来自全国各地的近800名朗诵艺术家、青年朗诵演员以及少年语言艺术爱好者踊跃参与。

活动总策划人、湖南省人艺汉语艺术实践中心理事长、青年朗诵艺术家吕铭指出，经典作品的传承与文化的新生需要每一个人的共同努力。基于这样的理念，活动将继续联合全国各省的朗诵协会，推出更多高品质、专业级的语言类活动，打造更多精品。这些举措旨在传承中华优秀传统文化，推动中华文化在新时代的创新发展，让汉语艺术的魅力在更广泛的舞台上绽放光彩。

2024中华思想文化术语大赛在京启动 助力青少年传承中华文化

据中国商报网报道[①]，1月31日，"2024中华思想文化术语大赛"发布会在北京隆重举行。本次大赛以"中华思想文化术语"为切入点，致力于将其打造为当代青少年学习和传承中华思想文化的重要抓手。大赛旨在激发青少年对术语文化知识及中华思想文化精髓的学习热情，鼓励他们积极参与传播。2024年大赛秉持"沟通世界文明，传播中华文化"的理念，引导中小学生深入探究"术语"的内涵及现实意义，培养青少年的公益心与责任感，推动中华思想文化的传承与发展，让中华优秀传统文化在新时代继续熠熠生辉。

湖南大学生走进小学 用女书文化点亮"10后"童年

据中国新闻网4月23日报道[②]，在世界读书日之际，湖南长沙迎来了一场别具一格的文化传承活动。湖南工业职业技术学院的"00后"大学生组成女书志愿服务团队，走进长沙的小学校园，为"10后"小学生带来了一场女书文化的盛宴。女书作为世界上唯一的女性文字，其独特魅力在这次活动中得到了充分展现。

大学生们精心设计了丰富多样的活动形式，教孩子们识读女书文字、诵读女书文章、演唱女书歌曲。通过这些生动有趣的互动，孩子们不仅对女书有了初步的认知，更感受到了这一古老文字的独特魅力。这次活动不仅让孩子们在轻松愉快的氛围中学习女书文化，也为女书的传承注入了新的活力，让这一古老的文化瑰宝在新时代焕发新的光彩。

---

① 思宣：《2024中华思想文化术语大赛正式启动》，中国商报网，https://www.zgswcn.com/news.html?aid=163659。
② 徐志雄、张晨莲：《"00后"大学生带"10后"小学生诵读女书 领略世界唯一女性文字魅力》，中国新闻网，https://www.chinanews.com.cn/cul/shipin/cns-d/2024/04-23/news988188.shtml。

百色学院发布三部语言文化典藏专著

据人民网报道①，百色学院澄碧校区图书馆报告厅于 6 月 9 日上午举办了《中国语言文化典藏·乐业》《中国语言文化典藏·西林壮语》《中国语言文化典藏·隆林仡佬语》三部专著的发布会。此次发布会由北京语言大学中国语言资源保护研究中心和中央民族大学中国少数民族语言资源保护研究中心指导，由广西壮族自治区语言文字工作委员会办公室和百色学院联合主办，由百色学院滇黔桂边人文精神与社会发展研究基地协办。

《中国语言文化典藏》是教育部和国家语言文字工作委员会"中国语言资源保护工程"的重要成果之一，该系列丛书共有 50 册，包括 37 册汉语方言卷和 13 册民族语言卷。基于实地调查，丛书通过融媒体技术，将音频、视频、图片和文字相结合，为读者提供了全方位的阅读体验，生动展现了我国各地方言文化的独特风貌。其原创性、存史性、创新性和前瞻性，使其成为语言文化研究领域的重要资料，为保护和传承我国丰富的语言文化资源提供了有力支持。

《中国语言文化典藏·开封》发布 助力地方文化传承

据《开封日报》报道②，《中国语言文化典藏·开封》发布会于 6 月 20 日在开封博物馆隆重举行。出席此次发布会的有教育部语言文字信息管理司、河南省教育厅、北京语言大学中国语言资源保护研究中心、开封市人民政府、河南大学的有关领导，以及该书作者、"中国语言资源保护工程"专家代表和开封语言文化发音人代表等。

此次发布会选择在"中国语言资源保护工程"调查点实地开封举办，意在充分展示开封深厚的文化底蕴，推动"中国语言资源保护工程"的标志性成果更好地服务地方教育和文化建设，进一步打造开封地方语言文化的亮丽名片，为传承和发展中华优秀语言文化贡献力量。

敦煌学研究文献库正式上线

据新华网报道③，敦煌学研究文献库于 8 月 27 日正式上线，该文献库汇集了全球

---

① 邓民胜、肖昊林、陈俊锟：《百色：三本语言文化典藏专著对外发布》，人民网，http://gx.people.com.cn/n2/2024/0612/c390645-40875960.html。
② 叶森：《中国语言文化典藏·开封》正式发布，《开封日报》2024 年 6 月 21 日。
③ 张玉洁：《敦煌学研究文献库上线》，新华网，http://www.news.cn/culture/20240828/0020fae26e7f41ee8946cbe43bd30139/c.html。

范围内的敦煌学研究成果及相关一手资料。文献库内容丰富，包括敦煌研究院馆藏手稿、敦煌历史影像资料、敦煌学特色电子图书，以及近现代以来国内外学者在敦煌学领域的研究成果等，同时提供统一检索、新书推荐等便捷服务。

敦煌研究院院长苏伯民指出，敦煌学研究文献库基于"数据共享"理念，整合了敦煌研究院的珍贵馆藏资源以及国内外学者的研究成果。该数据库不仅能实现资源的统一检索和调用，还能为学者开展系统性研究、推出更多有影响力的研究成果提供坚实的学术支撑，推动敦煌学研究迈向新的高度。

泉州举办歌诀讲坛 传承闽南文化"活化石"

据中国新闻网9月21日报道①，以"链接民俗文化 传承泉州歌诀"为主题的温陵讲坛在福建泉州成功举办。泉州歌诀，又称泉州童谣，是闽南童谣在泉州地区的特有称呼。它是一种以闽南方言创作和传唱的口头文学形式，通过歌诀的形式展现了乡土、民俗、社情、历史和故事等内容。这种独特的文化形式不仅在中国闽南地区和台湾地区广为流传，还在东南亚闽南籍华侨华人聚居地深受欢迎，被誉为闽南文化的"活化石"。此次讲坛的举办，不仅为参与者提供了深入了解泉州歌诀的机会，也为闽南文化的传承和发展注入了新的活力。

贵州出版首套系统研究古彝文书法艺术的专著《经典韪书萃选精评》

据天眼新闻百家号10月10日消息②，贵州民族出版社出版了我国首套系统研究古彝文书法艺术的5卷本专著《经典韪书萃选精评》。该书是"十四五"国家重点出版物出版规划项目、国家民族文字出版专项资金资助项目，也是贵州省级重点出版项目。

《经典韪书萃选精评》从古彝文书法艺术的角度，系统研究了国内彝文金铭、石刻、木刻、铅印以及纸书的书写和书法。该书分为《金铭石刻卷》《木刻铅版卷》《纸书云南卷》《纸书四川卷》《纸书贵州广西卷》，涵盖了国内发现、拓印、馆藏、公开出版以及部分散藏的彝文金石、木刻、铅印文物，以及大量彝文典籍纸书抄本中具有书法价值的代表作品。通过这些卷册，读者可以全面了解古彝文书法的全貌，感受其独特的艺术魅力。

---

① 吴冠标：《福建泉州举办泉州歌诀讲坛 传承推广闽南文化》，中国新闻网，http://www.chinanews.com.cn/cul/2024/09-21/10289955.shtml。
② 《黔版新书｜首套系统研究古彝文书法艺术的5卷本专著〈经典韪书萃选精评〉出版》，天眼新闻百家号，https://baijiahao.baidu.com/s?id=1812520804829057609&wfr=spider&for=pc。

《中国精神文化大典》中文版发布

据中国新闻网11月2日报道[①],由俄罗斯科学院编撰、俄罗斯汉学泰斗季塔连科院士主编的大型百科全书式海外中国学巨著《中国精神文化大典》中文版正式发布。该书的中文版由四川大学主持翻译,四川大学出版社出版,是国家社科基金重大项目和国家出版基金资助项目的重要成果。

《中国精神文化大典》俄文原版共6卷,包括《哲学卷》《神话·宗教卷》《文学·语言文字卷》《历史思想·政治与法律文化卷》《科学·技术和军事思想·卫生和教育卷》《艺术卷》。这些卷册于2006年至2010年先后由俄罗斯科学院东方文献出版公司出版。该书从历史和学理的角度,对中国从夏商周到21世纪初的精神文化进行了全面而深入的研究,涵盖了哲学、神话、宗教、文学、语言文字、历史思想、政治与法律文化、科学技术、军事思想、卫生、教育以及艺术等多个领域。此次中文版的发布,不仅为国内学者提供了宝贵的学术资源,也为推动中外文化交流与合作搭建了新的桥梁。

通辽市小学生成语大赛:传承文化,提升语言能力

据晨网12月18日报道[②],通辽市科尔沁左翼后旗实验小学举办了一场别开生面的成语大赛,活动大厅内灯光璀璨、气氛热烈。参赛选手们妙语连珠、对答如流,用一系列精妙的成语如"风花雪月""花好月圆""花容月貌"等,为观众带来了一场精彩的成语文化盛宴。

成语作为中华文化的瑰宝,蕴含着丰富的人文内涵和深厚的历史底蕴,许多成语源自我国的经典古籍。为了传承和弘扬中华优秀传统文化,同时提升学生的国家通用语言文字应用能力,科尔沁左翼后旗教育体育局精心组织了这场"传承中华文化,品味成语之美"的小学生成语大赛。比赛过程中,尤其是"飞花令"环节,选手们展现了扎实的知识基础和出色的应变能力,赢得了现场观众的阵阵掌声。这场大赛不仅激发了学生对成语的兴趣,也为传统文化的传承注入了新的活力。

---

① 贺劭清:《〈中国精神文化大典〉中文版发布》,中国新闻网,http://www.sc.chinanews.com.cn/bwbd/2024-11-02/218575.html。
② 薛一群、刘宏杰:《弘扬传统文化 提升语言技能》,晨网,http://www.nmgcb.com.cn/tongliao/r-291573.html。

《听见，看见：汉字里的中国文化》展开幕

据央广网报道①，一场以汉字为主题的展览《听见，看见：汉字里的中国文化》于12月17日在重庆中国三峡博物馆拉开帷幕。展览精心策划了"历史演变""研究传播""艺术传承"三个单元，共展出205件（套）文物，其中包括11件（套）一级文物和13件（套）二级文物。此外，展览还特别设置了70节（段）声音展品，通过视觉与听觉的双重体验，让观众全方位感受汉字的独特魅力。这些展品不仅展示了汉字从古至今的演变历程，还通过现代科技手段，将汉字的研究与传播推向了新的高度，进一步推动了汉字文化的传承与发展。此次展览将持续到2025年3月18日。

《岭南文化辞典》出版：全面解读"广东文化"内涵

据《羊城晚报》12月22日报道②，一部全面系统反映岭南文化的综合性大型工具书《岭南文化辞典》正式面世。《岭南文化辞典》全书涵盖地理、历史、民族·民系、宗教、民俗、学术·教育、语言文字、文学、艺术、新闻出版、科技、建筑、饮食、中医药、武术、对外贸易、华侨·侨乡、海洋文化、人物等19个领域，共收录13379个词条，总计510万字。这部辞典的出版，不仅为研究岭南文化提供了权威的参考资料，也为回答"何为'中国之广东'""何为'世界之广东'"提供了翔实的依据，展现了广东深厚的文化底蕴和独特的文化魅力。

---

① 《听见，看见：汉字里的中国文化展》，央广网，https://www.cnr.cn/ah/kjjr/20241220/t20241220_527014936.shtml。
② 朱绍杰、文艺、何文涛等：《〈岭南文化辞典〉正式出版：努力回答何为"中国之广东""世界之广东"》，《羊城晚报》2024年12月22日。

中国语言文化国际传播

2024年,中国语言文化国际传播事业在全球化的大潮中继续乘风破浪,展现了蓬勃的生命力与巨大的影响力。得益于国家政策的积极引领及社会各界的广泛参与,国际中文教育和中国语言文化在海外的传播取得了令人瞩目的成就,不仅加深了世界各国人民对中国文化的理解与喜爱,更为中外文明交流互鉴搭建了坚实的桥梁。

国际中文教育体系日臻完善。智慧教学系统的广泛应用成为一大亮点,特别是北京语言大学发布的"国际中文智慧教学系统3.0版",通过大规模投入实际应用的国际中文教育知识图谱,为留学生提供了更为精准、高效的学习路径。以"理解当代中国·高级中文读写"课程为例,智慧教学系统让留学生能够更深入地了解当代中国国情,感受中国智慧与中国方案。国际中文教育活动丰富多样,为国际学生搭建了展示中文水平和了解中国文化的平台。如"汉语桥"系列赛事、首届"我与中国"中文故事短视频总展演等活动,不仅激发了国际学生学习中文的热情，更让他们在实践中感受到了中文的魅力和中国文化的深厚底蕴。合作与交流成为推动国际中文教育事业发展的重要动力。教育部中外语言交流合作中心与多所国内外高校及机构签署了合作协议，共同开展中文教育标准、学科、教学、教师、教材、测试等资源建设和应用问题研究。此外，孔子学院等平台的搭建，也为国际中文教育的交流与合作提供了有力支撑，加速了中文教育的国际化进程。

中国语言文化在海外的传播呈现多元化、立体化的特点。新兴媒介以其独特的传播方式和坚实的受众基础，成为中华优秀传统文化走向世界的重要窗口。中国国产单机游戏《黑神话：悟空》在全球引发"西游热"，不仅让世界人民直观感受到中国文化的魅力，更激发了他们对中国文化的兴趣与热爱。国家高度重视国际传播人才的培养。一方面，通过设立相关奖学金、资助项目等方式，鼓励更多优秀的中国青年走向世界，成为传播中国文化的使者；另一方面，加强与国际中文教育领域的交流与合作，共同培养具备跨文化交际能力和国际视野的复合型人才。这些人才的涌现，为中国语言文化在海外的传播注入了新的活力。

各类文化交流与合作活动扮演着重要的角色。"中文教学在伊朗"研讨会、"毕昇印刷合作论坛·德鲁巴对话"等活动，不仅促进了中外文化在特定领域的交流与合作，更为中国语言文化在国际舞台上的展示提供了广阔空间。

一　国际中文教育

2024年首期国际中文教育志愿者岗前培训正式启动

据《西安日报》1月3日报道①，西安外国语大学在线启动了2024年首期国际中文教育志愿者岗前培训。此次培训会聚了来自中国传媒大学等42所院校共120名即将外派的志愿者，将持续五周，涵盖线上与线下课程。学员通过考核后，将赴泰国、印尼和秘鲁等地任教。培训内容包括专题讲座、外语教学、实践课、中华才艺展示及文化体验，并设置技能大赛、才艺比拼、演讲比赛等活动，旨在提升学员的教学水平与跨文化交流技巧，助力其在海外顺利开展中文教育工作。

泰国推出中文盲文教材

据新华网1月5日报道②，在"世界盲文日"到来之际，泰国盲文推广和发展基金会主席德瓦蓬·邦贝向媒体展示了泰国新出版的中文盲文教材。他指出，泰国现有17所盲校，随着中泰两国交流合作的不断深化，多所盲校相继开设了中文课程，因此对相关教材的需求量大增。德瓦蓬·邦贝认为，视障学生学习中文不仅要注重听说，还要注重读写。2023年，泰国盲人协会开始与泰国清莱皇太后大学合作编撰中文盲文教材，旨在提升视障学生的中文读写能力。

新丝路"中文+职业技能"系列教材发布

据《人民日报·海外版》1月5日报道③，已发布的新丝路"中文+职业技能"系列教材由南京工业职业技术大学主导编制，旨在适应国际产能合作及中国企业的国际化需求，并满足海外人才培训的新要求。该套教材覆盖机电一体化、汽车服务工程、网络工程、电子商务、物流管理和旅游管理六大专业领域，每个专业的教材分为初级、

---

① 郭旭：《2024年第一期国际中文教育志愿者岗前培训开班》，《西安日报》2024年1月3日。
② 《触摸指尖文字 感悟中国文化——泰国出版中文盲文教材》，新华网，https://www.news.cn/world/20240105/9b44620baf2947f4aad0ddd7ac47e0c0/c.html。
③ 欧媚：《新丝路"中文+职业技能"系列教材发布》，《人民日报·海外版》2024年1月5日。

中级和高级三个等级。教材基于典型的工作场景与任务，有较强的实用性和科学性，适用于相关国内外职业院校和机构的学历教育及非学历培训。

马来西亚首家中文学习测试中心揭牌

据《人民日报·海外版》1月5日报道①，马来西亚首家中文水平测评机构——汉文化中文学习测试中心在吉隆坡正式成立。该机构由汉考国际教育科技（北京）有限公司与马来西亚汉文化中心联合创办。

在启动仪式上，中国教育部中外语言交流合作中心代表指出，语言教育在深化中马两国人民相互理解方面发挥着不可替代的作用。中外语言交流合作中心将积极探索"中文+专业""中文+职业"等创新教学模式，以促进两国语言文化交流，进一步巩固双边友好关系。马来西亚教育部副部长黄家和强调，该中心的设立不仅为当地民众提供了优质的中文学习平台，更为即将到来的2024年马中建交50周年纪念活动增添了特殊意义。

首届"我与中国"中文故事短视频总展演活动成功举办

据《人民日报》1月9日报道②，天津师范大学成功举办首届"我与中国"中文故事短视频总展演活动，来自京津冀三地教委（教育厅）及获奖院校的千余名师生代表出席。作为区域教育协作的创新实践，此次活动不仅推动了京津冀地区与东盟国家在国际中文教育领域的深度合作，更为促进区域教育对外开放、深化中国和东盟人文交流提供了重要平台。

国际中文传播教师证书考试年会举办

据中国网报道③，1月12日，由中国外文局教育培训中心主办、对外经济贸易大学中国语言文学学院承办的国际中文传播教师证书考试年会暨国际中文教育学术研讨会在北京顺利召开。来自全国各考点的负责人、工作人员以及考试办公室相关人员共计60余名代表参加了此次会议。

中国外文局教育培训中心主任王育宁指出，国际中文传播教师证书考试是中国外文局教育培训中心在新时代背景下，为贯彻落实习近平总书记关于国际传播能力建设

---

① 毛鹏飞、许馨予：《马来西亚首家中文学习测试中心揭牌》，《人民日报·海外版》2024年1月5日。
② 武少民：《京津冀东盟留学生中文故事短视频总展演活动举办》，《人民日报》2024年1月9日。
③ 《国际中文传播教师证书考试年会在京举办》，中国网，http://cul.china.com.cn/2024-01/12/content_42669560.htm。

的重要论述，主动服务国家对外发展战略，促进中外语言文化交流互鉴，推动中华文化国际传播而开展的一项重要工作。

中国埃塞俄比亚友谊奖学金暨"汉语桥"中文比赛颁奖典礼举办

据新华网报道[①]，1月12日，亚的斯亚贝巴大学隆重举办了中国埃塞俄比亚友谊奖学金暨"汉语桥"中文比赛颁奖典礼。本次活动中，共计143名高校学子荣获中埃友谊奖学金，22名大、中学生获得"汉语桥"竞赛奖项。亚的斯亚贝巴大学校长塞缪尔在致辞中指出，中国政府及中国高校与亚的斯亚贝巴大学保持着长期稳定的合作关系，这种合作对师生培养具有重要意义。两国教育机构间的成功协作与相互支持，充分展现了中埃关系的蓬勃发展态势。

"汉语桥"线上团组交流项目开营

据中国新闻网1月15日报道[②]，中国教育部中外语言交流合作中心于浙江传媒学院成功举办"汉语桥"线上团组交流项目开营仪式。该项目吸引了来自越南、马来西亚、日本等20余个国家的605名国际学员在线参与。本次交流活动主要围绕"一方江南丝帕，十年路通世界：'一带一路'十周年"与"潮起亚细亚，共画同心圆"两大主题展开。

2024年"汉语桥"——"赏民俗 过大年"中俄青少年冬令营启动

据中国新闻网报道[③]，1月16日，"汉语桥"——"赏民俗 过大年"中俄青少年冬令营在黑龙江省绥芬河市启动。该活动由中国教育部中外语言交流合作中心主办，黑龙江省教育厅及省教师发展学院承办。来自俄罗斯远东联邦大学和阿尔乔姆中学的35名学生参与了本次活动。启动仪式上，中国青少年展示了武术、古筝演奏以及戏曲表演等传统艺术，俄罗斯青少年则用中文演唱了《莫斯科郊外的晚上》《茉莉花》等经典歌曲，并用汉语与中国青少年交流、互赠礼物。

---

① 刘方强：《143名埃塞学生获颁中埃友谊奖学金》，新华网，http://www.news.cn/world/20240113/9e3dd29d333c441bb1393788f5433d9f/c.html。
② 童笑雨、蓝伊旎：《"汉语桥"线上团组交流项目开营 600余海外营员出席》，中国新闻网，https://www.zj.chinanews.com.cn/jzkzj/2024-01-15/detail-ihcwwtex7959960.shtml。
③ 张明宇：《绥芬河启动2024年"汉语桥"——"赏民俗 过大年"中俄青少年冬令营活动》，中国新闻网，https://www.hlj.chinanews.com.cn/hljnews/2024/0117/130450.html。

西北大学"穿越古今学汉语"冬令营线上开营

据中国日报网报道①，1月15日，由中国教育部中外语言交流合作中心主办、西北大学承办的"汉语桥"线上汉语文化学习项目"穿越古今学汉语"冬令营正式开营。来自泰国、越南、吉尔吉斯斯坦等国的百余名师生通过线上平台相聚，共同参与了开营仪式。越南河内外贸大学中文系主任黎光创博士在开营仪式上用流利的汉语发言。他指出，中国作为四大文明古国之一，拥有悠久的历史和源远流长的汉字文化。黎光创博士鼓励同学们珍惜这次学习机会，深入学习汉语和中国文化，感受中国古代圣贤的智慧。

马来亚大学孔子学院举办新春庆祝活动

据新华网报道②，1月17日，马来亚大学孔子学院举办了新春庆祝活动。来自马来西亚不同地区的多族裔学生齐聚一堂，欣赏了武术、民乐、舞蹈等中华传统艺术表演，并积极参与书法、剪纸、拓印、投壶等文化体验活动。

马来亚大学孔子学院中方院长赵婉贞表示，2024年活动的主题为"龙行龘龘，翼翼飞鸾"，学院特别邀请了来自霹雳州、森美兰州、雪兰莪州等地职业技术学校的学生。这些学生都选修了中文课程，赵婉贞希望通过这次活动，让他们更深入地了解中国的语言、传统文化和当代文化，培养他们成为中马友好关系的未来"种子"。

马耳他中国文化中心开设中国语言文化课

据人民网1月18日报道③，马耳他中国文化中心为科爱赛国际学校（QSI International School of Malta）即将赴华的教师开设的中国语言文化课程正式开班。该校校长及部分教师计划于下学年前往中国深圳科爱赛国际学校任职。得知他们希望在出发前学习中文和了解中国文化后，马耳他中国文化中心迅速响应，专门组织了相关课程，并选派了来自深圳的资深教师授课，以帮助老师们更好地适应赴华工作和生活。

---

① 秦峰、魏润林、张沐宁：《2024"汉语桥"西北大学"穿越古今"冬令营线上开营》，中国日报网，http://ex.chinadaily.com.cn/exchange/partners/82/rss/channel/cn/columns/j3u3t6/stories/WS65a8bceca310af3247ffc6f6.html。

② 汪艺、许馨予：《马来亚大学孔院举办新春庆祝活动》，新华网，http://www.news.cn/world/20240118/95bc8bd12e1e4e45a693a35b22dec527/c.html。

③ 谢亚宏：《马耳他中国文化中心为赴华教师开设中国语言文化课》，人民网，http://world.people.com.cn/gb/n1/2024/0119/c1002-40162456.html。

泰国曼谷举办中文教师培训活动

据中国新闻网报道①，当地时间 1 月 18 日至 20 日，泰国百人中文教师培训活动在曼谷成功举办。此次活动由中国教育部中外语言交流合作中心与泰国教育部基础教育委员会、民校教育委员会联合举办。中国驻泰国大使馆一等秘书王欢、泰国教育部民校教育委员会教育政策研究专员纳隆萨·本亚玛力、世界汉语教学学会会长钟英华、泰国华文教师公会执行主席罗铁英，以及中国教育部中外语言交流合作中心、国际中文教育网络和出版知名企业负责人等出席了开班仪式。来自泰国 69 所学校的百名中文教师参加了此次培训。

"孔子学院的未来发展"论坛顺利举行

据《人民日报·海外版》1 月 26 日报道②，由中国国际中文教育基金会主办的"孔子学院的未来发展"论坛顺利举行。来自国内外的孔子学院合作机构代表、中外方院长等千余人共同探讨了孔子学院的办学经验，并展望国际中文教育的发展前景。专家表示，孔子学院对加强中外在教育、学术和人文等领域的合作发挥了不可或缺的作用，有利于推动教育进一步开放，促进人类文明互鉴。

"中俄虚拟中文教研室"项目启动

据《人民日报·海外版》1 月 26 日报道③，"中俄虚拟中文教研室"项目启动仪式在线上成功举办。该项目借助数字化技术构建了一个新型的中文教研组织，能够开展长期、常态化且跨越时空的"云教研"活动。它为本土中文教师提供即时的技术支持，帮助提升教研能力。通过创新的教研合作与课题研究，该平台致力于促进教学资源、教学方法和教学理论的更新与完善，为中俄中文教育合作开辟新路径。

南非中国经贸协会中文学校举行 2024 年新学期开班仪式

据中国教育新闻网 1 月 26 日报道④，南非中国经贸协会中文学校举行了 2024 年新

---

① 李映民、赵婧楠：《泰国举办百人中文教师培训活动》，中国新闻网，https://www.chinanews.com.cn/hr/2024/01-20/10149657.shtml。
② 陈渡归：《孔子学院搭建平台：顺应学习需求，促进双向交流》，《人民日报·海外版》2024 年 1 月 26 日。
③ 于荷：《"中俄虚拟中文教研室"启动》，《人民日报·海外版》2024 年 1 月 26 日。
④ 王若熙、万雨梦：《南非中国经贸协会中文学校 2024 年新学期开班仪式举行》，中国教育新闻网，http://www.jyb.cn/rmtzcg/xwy/wzxw/202401/t20240126_2111149452.html。

学期开班仪式,以线上线下相结合的方式开启新学期的旅程。活动吸引了学校领导、教师、家长和学生等近 90 人参加。

南非中国文化和国际教育交流中心孔子课堂外方院长陆志雷博士在仪式上致辞,为学生们的学习之旅送上鼓励与期望。随后,孔子课堂的教师们逐一自我介绍,同学们见到熟悉的网课老师后,兴奋地挥手互动。此外,上海杉达学院的南非孔子课堂还介绍了南非高考汉语第二附加语考试的相关信息。

柬埔寨本土中文教师培训班到天津中学交流访问

据天津中学官网 1 月 22 日消息①,天津师范大学受中国教育部中外语言交流合作中心委托,承办了柬埔寨本土中文教师培训项目。在天津师范大学国际教育交流学院和文学院领导及老师的陪同下,柬埔寨本土中文教师培训班一行前往天津中学参观访问。天津中学党委副书记、校长王振英指出,在全球化背景下,国际学校交流对于拓宽教师视野、提升学术水平、促进文化交流具有重要意义。

秘鲁中文教师《国际中文教师专业能力标准》专项培训举办

据光明网报道②,当地时间 1 月 26 日至 27 日,秘鲁中文教师《国际中文教师专业能力标准》专项培训在里卡多帕尔玛大学举行。此次培训由中国教育部中外语言交流合作中心主办,里卡多帕尔玛大学承办,吸引了来自里卡多帕尔玛大学、秘鲁天主教大学等院校的 40 余名中文教师参加。

培训以"国际视野+能力提升"为主题,围绕《国际中文教师专业能力标准》中的专业知识和技能展开,同时结合教师管理办法宣讲和专题工作坊讨论环节,旨在全面提升教师的专业水平和教学能力。

中国驻印尼大使陆慷访问印尼巴中三语学校

据中国新闻网报道③,1 月 30 日,中国驻印尼大使陆慷访问了印尼巴中三语学校。陆慷大使参观了学校的中文课堂、图书馆、实验室、烹饪教室和体育场等特色教学点。

---

① 《做好中柬文化交流互鉴 书写国际中文教育新篇章——柬埔寨本土中文教师培训班一行莅临我校交流访问》,天津中学官网,https://tjzx.tj.edu.cn/show.jsp?classid=201807231043298683&informationid=202401220953377972。

② 江非:《秘鲁中文教师〈国际中文教师专业能力标准〉专项培训在秘鲁举办》,光明网,https://edu.gmw.cn/2024-01/30/content_37119023.htm。

③ 李志全、陈诗梦:《中国驻印尼大使陆慷访问印尼巴中三语学校》,中国新闻网,https://www.chinanews.com.cn/gj/2024/01-31/10155992.shtml。

随后，他与校方、教育机构代表及外派汉语教师进行了座谈交流。印尼三语学校协会主席陈友明、雅加达华文教育协调机构主席蔡昌杰、印尼华文教育联合总会主席郑洁珊在会上就如何进一步推动华文教育发展提出了建设性意见。

中俄合作基础教育中文普及项目落户山东

据山东省教育厅官网消息①，1月31日，中国教育部中外语言交流合作中心与俄罗斯圣彼得堡市教育委员会在线上举行了关于在圣彼得堡普及教育体系中开展中文与中国文化教学的备忘录签署仪式。备忘录签署后，中俄双方将启动基础教育中文普及项目，这标志着中俄语言交流合作迈入了新阶段。该项目将借助现代远程教育技术和人工智能，通过录播课和直播课等形式，为圣彼得堡地区乃至更多俄罗斯青少年提供优质中文教学服务。其目标是帮助俄罗斯青少年掌握更多中文知识，深入了解真实、立体、全面的中国，进一步推动中俄传统友谊的传承与发展。

2024年南非"中文高考"工作会议成功举行

据人民网报道②，2月2日，南非各地中文教师齐聚博克斯堡，参加2024年南非国家高级证书考试"中文第二附加语考试"工作会议，分享教学与考试指导经验。南非独立考试委员会评估专家罗宾·莫瓦特对2023年的考试情况进行了详细分析与总结。2023年共有69名学生参加该考试，人数较2022年有所增加。令人欣喜的是，考试成绩显著提升，平均分达到90.94分，超过了法语、葡萄牙语、德语等其他语言的考试成绩。

印尼巴陵康孔子学院举办龙年新春游园会

据人民网报道③，2月19日，印尼伽内什师范大学巴陵康孔子学院成功举办了2024龙年新春游园会。活动吸引了来自新加拉惹第一中学、第七中学以及华人社区的200余名参与者。中国驻登巴萨总领事馆前总领事荀皓东应邀出席，并现场展示书法艺术，为活动营造文化氛围。游园会设有汉服体验、猜灯谜、投壶、抢凳子、户外跳绳、

---

① 《中俄合作基础教育中文普及项目落户山东》，山东省教育厅官网，http://edu.shandong.gov.cn/art/2024/2/2/art_107094_10328331.html。
② 刘畅：《2024年南非"中文高考"工作会议成功举行》，人民网，http://world.people.com.cn/n1/2024/0206/c1002-40174418.html。
③ 李培松：《印尼巴陵康孔子学院举办龙年新春游园会》，人民网，http://world.people.com.cn/n1/2024/0220/c1002-40180171.html。

抽陀螺和观看中国电影等七个展区，吸引了众多学生和中文爱好者，现场气氛热烈，展现了浓厚的中国文化魅力。

亚的斯亚贝巴大学孔子学院举办元宵节主题文化活动

据人民网报道①，2月20日，埃塞俄比亚亚的斯亚贝巴大学孔子学院举办了"网络中国节·元宵"主题文化活动。该校不同院系的学生参与了认识元宵节、制作龙灯和品尝汤圆等中国文化活动。学生们表示，活动让他们近距离感受到了中国节日文化的魅力，体验感十足。

巴西圣保罗州立大学孔子学院举办2024年开学典礼暨龙年新春庆祝活动

据人民网2月22日报道②，巴西圣保罗州立大学孔子学院举行了2024年开学典礼暨龙年新春庆祝活动。巴方院长路易斯·保利诺在致辞中回顾了孔子学院十五年来的发展历程，指出学院已培养近3万名学员。他希望学员们通过学习成为中巴文化交流的使者。开学典礼后，公派教师组织了以"龙"为主题的中国传统文化工作坊，内容包括中国结制作、传统灯笼制作、剪纸、书法、吹墨画、趣画汉字和太极体验等，丰富了学员们的文化体验。

印尼独立清真寺开设中文培训班

据中国新闻网报道③，当地时间2月29日中午，印尼独立清真寺内成功举行2024年第一批工作人员中文培训班开班仪式。中国驻印尼大使馆政务参赞邱薪力指出，随着中印尼关系的深化和人员的往来，"中文热"在印尼不断升温。语言是文明交流的桥梁，希望学员们通过学习中文增进对中国的了解。

此次培训班由印尼阿拉扎大学孔子学院负责开设，共有26名学员，每周安排两次课程。阿拉扎大学孔子学院副理事长穆尼强调，语言是理解彼此的基础，从文化交流的角度来看，这个中文培训项目意义重大。

---

① 沈小晓：《埃塞俄比亚亚的斯亚贝巴大学孔子学院举办元宵节主题文化活动》，人民网，http://world.people.com.cn/n1/2024/0221/c1002-40180696.html。

② 时元皓：《巴西圣保罗州立大学孔子学院举办2024年开学典礼暨龙年新春庆祝活动》，人民网，http://world.people.com.cn/n1/2024/0222/c1002-40181413.html。

③ 李志全、陈诗梦：《印尼国家清真寺开设中文培训班》，中国新闻网，https://m.chinanews.com/wap/detail/chs/zw/10172262.shtml。

柬埔寨孔子学院推行"中文+职业教育"模式

据中国新闻网 3 月 4 日报道①,柬埔寨王家研究院孔子学院已有 4000 余名学生学习汉语,自成立以来,累计注册学生已超过 11 万人。随着汉语在全球的认可度不断提高,孔子学院的作用不再局限于单纯为外国汉语学习者提供平台。如今,中国的职业教育逐渐走向海外,融入孔子学院的教学体系。在教授中文的同时,孔子学院还增加了职业技能培训内容,进一步拓展了自身的功能。

泰国高校汉语研究论坛成功举办

据人民网报道②,3 月 8 日,泰国孔敬大学孔子学院与玛哈沙拉坎大学孔子学院联合举办的 2024 年"国际中文日"高端论坛之泰国高校汉语研究论坛顺利举行。泰国孔敬大学校长助理阿查拉婉、柬埔寨皇家农业大学校长布坛、北京语言大学吴应辉教授和梁宇教授等出席开幕式。阿查拉婉指出,论坛是开放的知识交流平台,主讲嘉宾均为汉语教学和中国文化研究专家,相信与会者能通过交流提升专业知识。

中国西南大学校长张卫国和泰国孔敬大学校长昌猜发来祝贺视频,指出论坛体现了交流互鉴、共建共享理念,对泰国尤其是泰东北地区的中文教育意义重大。他们希望与会者以汉语为桥梁,以中文为媒介,通过交流促进泰国高校中文教师职业发展。

第三届欧洲英语区中文教学技能大赛总决赛举行

据新华网报道③,第三届欧洲英语区中文教学技能大赛总决赛及颁奖典礼于 3 月 9 日在伦敦成功举办。此次大赛由中国教育部中外语言交流合作中心英国代表处、英国汉语考试委员会和英国汉语教师协会联合主办。总决赛分为大学/成人组和中小学组,分别有 9 名和 13 名选手参赛。选手们依次进行授课展示,并接受评委针对授课内容的即兴提问。

---

① 祁妙、潘雨洁:《柬埔寨孔子学院推行"中文+职业教育"模式 拓宽人才市场》,中国新闻网,https://www.chinanews.com.cn/gn/shipin/cns/2024/03-04/news983866.shtml。
② 孙广勇:《2024 泰国高校汉语研究论坛成功举办》,人民网,http://world.people.com.cn/n1/2024/0309/c1002-40192346.html。
③ 许凤:《第三届欧洲英语区中文教学技能大赛总决赛在伦敦举行》,新华网,https://www.news.cn/20240310/d79f0df6be0147c6a8071589cff5bfc5/c.html。

中印尼机构携手打造产学研校企国际合作基地

据中国新闻网报道①，当地时间3月8日，印度尼西亚三一一大学、中国西华大学、中国四川锂源新材料有限公司以及印尼锂源新能源有限公司在印尼中爪哇省梭罗市签署产学研校企国际合作谅解备忘录，并举行了合作基地揭牌仪式。此次合作将为印尼本土企业员工提供中文培训，并共同开展"中文+专业"学历教育项目，培养既精通中印尼语言又具备专业技能的复合型国际人才。合作将促进中印尼产业对接与协同发展，更好地服务"一带一路"倡议和印尼当地经济社会发展需求。

中国志愿者赴泰开展中文教育逾20年 硕果累累

据中国新闻网报道②，当地时间3月15日下午，泰国在曼谷举办欢送会，送别第21批赴泰国际中文教育志愿者共857人返回中国。泰国副僧王颂德通猜、泰国教育部部长蓬普、泰国高等教育科学研究与创新部部长素帕玛以及中国驻泰国大使韩志强出席了欢送会。

2004年，中国教育部启动了"国际汉语教师中国志愿者计划"，泰国作为试点国家，于2003年率先实施。21年来，共有21批、累计2万余人次的志愿者在泰国的近1000所大、中、小学开展中文教育，足迹覆盖70余个省份。

教育部中外语言交流合作中心与黑龙江大学签署合作共建国际中文教育实践与研究基地协议

据黑龙江大学官网消息③，3月15日，教育部中外语言交流合作中心与黑龙江大学签署协议，共建国际中文教育实践与研究基地。基地将重点支持俄罗斯等国家的中文教育与文化交流，开展中文教育标准、学科建设、教学方法、师资培养、教材编写、测试评估等研究。同时，基地将配合有关国家的中文教育创新发展，探索中俄双语人才及"中文+专业"人才培养模式，举办学术研讨会，推动中国与相关国家的人文交流。

---

① 《中印尼机构携手打造产学研校企国际合作基地》，中国新闻网，https://www.chinanews.com.cn/gj/2024/03-11/10178048.shtml。

② 李映民：《中国志愿者赴泰开展中文教育逾20年硕果累累》，中国新闻网，https://www.chinanews.com.cn/gn/2024/03-15/10181130.shtml。

③ 《教育部中外语言交流合作中心与我校签署合作共建国际中文教育实践与研究基地协议》，黑龙江大学官网，https://www.hlju.edu.cn/info/1043/13439.htm。

印尼举办2024年国际中文考试HSK考试

据人民网报道①，3月16日至17日，印尼2024年国际中文考试HSK考试顺利举行。此次考试由印尼教育文化研究技术部华文教育综合统筹处与雅加达华文教育协调机构联合举办。全国共设23个考点，4970名考生参加。其中，纸笔考考点15个，考生3984人；机网考考点8个，考生986人。这是疫情后印尼首次组织的线下大型集中考试，受到社会各界广泛关注。

哈兔（香港）有限公司积极推广中文教育

据中国新闻网报道②，3月21日，哈兔（香港）有限公司创始人、董事长朱敏在浙江杭州启动公司赴美国纳斯达克上市活动时指出，要让中国文化走向世界，必须先推广中文，语言是文化传播的先导。哈兔的在线教学系统已在120余个国家和地区推广，拥有20余项专项技术和产品软著权。

中文教育"欧标体系"国际研讨会举行

据新华网报道③，3月23日，"基于《欧洲汉语能力标准》的欧洲中文教育标准体系构建"国际研讨会在罗马尼亚布加勒斯特大学举行。会议通过发言和圆桌论坛形式，围绕中文教学及教育标准体系开发等问题展开讨论。本次研讨会由欧洲汉语教学协会主办，布加勒斯特大学孔子学院承办，吸引了来自中国、法国、英国等10余个国家和地区的50余名中文专家和教育工作者线上线下共同参与。

2024全美中文教育大会举行

据新华网报道④，3月23日，中国驻美国大使馆成功举办了全美中文教育大会。此次会议由全美中小学中文教师协会主办，以"搭建桥梁 革故鼎新 继往开来"为主题，吸引了来自美国30个州约200位中文教师、教育管理者及专家学者参与。与会代表围

---

① 李培松：《印尼2024年国际中文考试HSK考试顺利举办》，人民网，http://world.people.com.cn/n1/2024/0318/c1002-40197824.html。
② 曹丹、潘璐平：《哈兔以中文教育为"桥" 推动世界相通相亲》，中国新闻网，https://www.zj.chinanews.com.cn/jzkzj/2024-03-22/detail-ihcytixp0494826.shtml。
③ 张改萍：《中文教育"欧标体系"国际研讨会在罗马尼亚举行》，新华网，http://www.xinhuanet.com/20240324/bd007a1bc9ce4911a1c8ea9d382423ce/c.html。
④ 《2024全美中文教育大会在中国驻美国大使馆举行》，新华网，http://www.xinhuanet.com/20240324/ff5d2870e60644e89fb15d7170ffba40/c.html。

绕中文教学实践经验、项目发展难题及应对策略等展开了深入研讨。

秘鲁天主教大学孔子学院举办首届秘鲁国际中文教育研讨会

据新华网3月26日报道①，由秘鲁天主教大学孔子学院主办的首届秘鲁国际中文教育研讨会在利马成功举办。此次会议会聚了来自秘鲁、墨西哥、古巴等多个拉美国家的孔子学院院长、教育专家及教师代表。中国驻秘鲁大使馆公使次旺平措、上海外国语大学校长李岩松以及中国教育部中外语言交流合作中心拉丁美洲和加勒比地区中心主任罗伯特·拉封登共同出席了开幕式并发表重要讲话。

贵州大学成功举办国外本土中文教师来华研修项目

据贵州大学官网消息②，3月18日至31日，贵州大学国际教育学院成功举办了"国外本土中文教师来华研修项目——2024年中国传统文化研修班"，共有20位来自泰国的中文教师参与。本次研修课程涵盖中国国情、贵州省情、中华传统礼仪等多个维度。贵州大学多个院系组建专业师资团队，通过品鉴贵州茗茶、体验汉服文化、研习书画艺术等多元化教学方式，拓展了学员对中国文化及贵州特色的认知广度和深度。

中国驻悉尼总领事馆举办中文日活动

据中国新闻网报道③，中国驻悉尼总领事馆代总领事王春生在4月5日举行的中文日庆祝活动致辞中指出，汉语作为联合国官方语言之一，其悠久的历史渊源和深厚的文化底蕴不仅是中国的重要文化遗产，更是全人类共同的精神财富。汉语在促进不同文明对话与相互理解方面发挥着不可替代的桥梁作用。本次活动内容丰富，既有合唱、朗诵、舞蹈等文艺演出，又包含书法绘画、绕口令、传统服饰及包饺子等互动体验项目，为参与者提供了沉浸式的文化交融体验。

2024年东盟国家"中文+职业技能"优秀本土人才培养项目启动

据江苏教育新闻网4月10日报道④，2024年东盟国家"中文+职业技能"优秀本

---

① 李欣：《秘鲁天主教大学孔子学院举办首届秘鲁国际中文教育研讨会》，人民网，http://world.people.com.cn/n1/2024/0326/c1002-40203406.html。
② 郑佳立、黄媛：《"感知中国 体验贵州"——我校成功举办国外本土中文教师来华研修项目》，贵州大学官网，http://news.gzu.edu.cn/2024/0402/c18521a214845/page.htm。
③ 顾时宏、王心怡：《"中文的语调是如此优美"——中国驻悉尼总领馆举办中文日活动》，中国新闻网，https://www.chinanews.com.cn/hr/2024/04-06/10193722.shtml。
④ 王琼：《2024年东盟国家"中文+职业技能"优秀本土人才培养项目启动》，江苏教育新闻网，https://www.jsenews.com/news/gx/202404/t20240410_8246769.shtml。

土人才培养项目启动仪式于南京工业职业技术大学举行。该项目采用线上、线下相结合的培养模式，旨在深化中国与东盟国家在教育领域的合作，促进"中文+职业技能"教育高质量发展。该项目主要面向东盟国家具有新能源发电工程技术、汽车服务工程技术等专业背景的教师。培训课程设计强调理论与实践相结合，在确保专业性的同时增强教学趣味性。

兰州大学与中外语言交流合作中心签署共建国际中文教育实践与研究基地合作协议

据兰州大学官网4月8日消息[1]，中国科学院院士、兰州大学校长严纯华访问中外语言交流合作中心，与中心主任郁云峰签署了共建"国际中文教育'一带一路'师资培养实践与研究基地"协议。基地建成后将整合全校优势学科资源，为推进"一带一路"共建国家的人文交流互鉴、高端人才培养、前沿科学研究、智库协同创新和可持续发展注入新动能。

"国际中文智慧教学系统3.0版"发布

据《人民日报·海外版》4月10日报道[2]，北京语言大学近期推出了"国际中文智慧教学系统3.0版"。该系统打造了以"理解当代中国·高级中文读写"为代表的系列智慧课程，通过智慧教育理念与方法，既促进了教师的差异化教学，又满足了学生的个性化学习需求，让留学生能够通过中文学习了解立体、真实、全面的中国。

"汉语桥"全俄大学生中文比赛莫斯科赛区举行选拔赛

据中国新闻网报道[3]，当地时间4月12日，莫斯科国立语言大学成功举办了第13届"汉语桥"全俄大学生中文比赛莫斯科赛区选拔赛。该项赛事自2012年以来已连续举办12届。选送的参赛选手在历届全俄大学生中文比赛和全球总决赛中均表现优异。该比赛不仅激发了俄罗斯大学生学习中文的热情，更为俄罗斯高校搭建了中文教学经验交流与教学成果展示的重要平台。

---

[1] 《兰州大学与语合中心签署共建国际中文教育实践与研究基地合作协议》，兰州大学官网，https://faof-fice.lzu.edu.cn/hdapp/bas/col_detail.php?id=2135。
[2] 甄文：《"国际中文智慧教学系统3.0版"发布》，《人民日报·海外版》2024年4月10日。
[3] 田冰：《全俄"汉语桥"大学生中文比赛莫斯科赛区举行选拔赛》，中国新闻网，https://www.chinanews.com.cn/gj/2024/04-13/10198211.shtml。

"中文：架起文明互鉴桥梁"联合国中文日活动举办

据《人民日报·海外版》报道①，2024 年联合国中文日庆祝活动于当地时间 4 月 15 日在法国巴黎联合国教科文组织总部正式启动。本次活动以"中文：架起文明互鉴桥梁"为主题，由中国联合国教科文组织全国委员会、中国常驻联合国教科文组织代表团、中国教育部中外语言交流合作中心以及联合国教科文组织协会等共同举办。联合国教科文组织副总干事曲星在致辞中指出，近年来，法国青少年学习汉语的热潮持续升温，许多法国家长已经看到在未来中国市场将为孩子们提供更多的发展机遇。

《国际中文教育中文水平等级标准》葡语版出版

据人民网 4 月 18 日报道②，巴西圣保罗州立大学孔子学院举行线上仪式以庆祝 2024 年中文日，并推出了《国际中文教育中文水平等级标准》葡语版。这次活动由巴西圣保罗州立大学孔子学院中方院长叶丹主持，巴西圣保罗州立大学孔子学院巴方院长路易斯·安东尼奥·保利诺、中国驻巴西大使馆教育参赞王志伟、中国教育部中外语言交流合作中心标准与考试评估处代表宋亚迪及翻译团队代表阿米尔顿·雷斯出席活动并致辞。

巴西里约天主教大学孔子学院举办"国际中文日"庆祝活动

据人民网报道③，当地时间 4 月 18 日，巴西里约天主教大学孔子学院举办了 2024 年"国际中文日"庆祝活动。中国驻里约热内卢总领事田敏、巴西里约天主教大学校长安德森·佩德罗索等嘉宾出席并致辞。田敏对孔子学院的成就表示肯定，希望其以中巴建交 50 周年为契机，在中文教学与文化交流方面持续创新，助力巴西中文教育体系建设，为巴西友人提供丰富学习资源，推动中巴文化教育交流合作。

斐济举办中国文化主题活动庆祝联合国中文日

据新华网报道④，4 月 19 日，为庆祝联合国中文日，逸仙学校中学部携手斐济中国

---

① 张百慧：《联合国中文日活动在联合国教科文组织总部举办》，《人民日报·海外版》2024 年 4 月 18 日。
② 陈海琪：《巴西圣保罗州立大学孔子学院翻译出版〈国际中文教育中文水平等级标准〉葡语版》，人民网，http://world.people.com.cn/n1/2024/0419/c1002-40219483.html。
③ 陈海琪：《巴西里约天主教大学孔子学院举办"国际中文日"庆祝活动》，人民网，http://world.people.com.cn/n1/2024/0419/c1002-40219526.html。
④ 郭鑫惠：《斐济举办中国文化主题活动庆祝联合国中文日》，新华网，http://www.news.cn/world/20240419/1b35911f7dbe4de68cf43a455f619b82/c.html。

文化中心及斐济华人文化体育协会共同举办了一场中国文化主题活动。中国驻斐济大使周剑出席活动并发表讲话。他提到，语言是文化交流的重要桥梁，希望斐济学子通过中文学习开启探索中华文化的窗口，成为中斐友好关系的使者。

"国际中文日"活动在波兰华沙举行

据人民网报道[①]，4月19日，中国驻波兰大使馆与华沙社会人文大学共同举办了2024年"国际中文日"活动。中国驻波兰大使孙霖江、华沙社会人文大学副校长格鲁什琴斯卡以及师生等近300人参加了此次活动。孙霖江在致辞中指出，语言是推动不同文明交流与互鉴的重要纽带。他鼓励更多波兰青年通过学习中文，深入了解中国悠久的历史、灿烂的文化以及现代化建设的成就，为中波友谊贡献自己的力量。

巴基斯坦总理：正采取一切可能措施推广中文学习

据新华网4月20日报道[②]，巴基斯坦总理夏巴兹在第15个联合国中文日来临之际表示，中文是一门有着数千年历史的语言。近年来，中国在经济领域取得了举世瞩目的成就，中华文化也在全球范围内广泛传播。如今，中文已成为当今世界重要的交流语言之一，也是联合国的官方语言之一。

国际社会举办活动庆祝第15个联合国中文日

据新华网报道[③]，4月20日是第15个联合国中文日。联合国机构和多国举办了形式多样的庆祝活动。由中国常驻联合国代表团与联合国中国书会联合主办的"载言载乐，和合共生"活动在联合国总部举行，活动包括精彩的中国音乐表演、语言讲座和圆桌讨论，全方位展现了中华文化的深厚底蕴。此外，上海图书馆推出的短片《书写的历史》，以音乐与文字的融合为观众呈现了一场关于汉字历史的视觉盛宴。

加拿大卡尔加里举办"国际中文日"活动

据中国新闻网报道[④]，4月20日，中国驻卡尔加里总领事馆与卡尔加里公共图书馆

[①] 禹丽敏：《"国际中文日"活动在波兰华沙举行》，人民网，http://world.people.com.cn/n1/2024/0420/c1002-40220022.html。
[②] 蒋超：《巴基斯坦总理：正采取一切可能措施推广中文学习》，新华网，http://www.news.cn/world/20240420/f28db26ce3c34026b963c0845d7a92a5/c.html。
[③] 《国际社会举办活动庆祝第15个联合国中文日》，新华网，http://www.news.cn/world/20240420/b796f7261bf340b89f2676bdb24b7367/c.html。
[④] 余瑞冬：《加拿大"石油城"的国际中文日："学中文，有用"》，中国新闻网，https://www.chinanews.com.cn/gj/2024/04-21/10203083.shtml。

在市中心图书馆联合举办了主题为"中文：架起文明互鉴桥梁"的国际中文日活动。阿尔伯塔省多所中文学校开展了中文课试听、书法、国画、手工制作和唐装试穿等文化体验活动，华人艺术团体还表演了古筝、京剧等节目，吸引了众多当地家长和孩子踊跃参与。

"遇鉴汉字 和合共生"中文日主题活动在联合国总部举行

据人民网报道①，4月19日，中国常驻联合国代表团与南京市人民政府、联合国大会部中文处、联合国中国书会，在纽约联合国总部举办了主题为"遇鉴汉字 和合共生"的联合国中文日庆祝活动。近200名多国常驻联合国代表、高级外交官、联合国职员及各界人士出席了活动。国际青年组织常驻联合国大使丹尼尔·德尔瓦莱·布兰科在活动上学习了汉字书法和汉语对话，他表示，这个活动让联合国的外交官更深入地认识到中文的重要性，感受到中国文化的魅力。

韩国举行"国际中文日"活动

据人民网报道②，4月20日，中韩研究学会于韩国放送通信大学举办了主题为"中文：架起文明互鉴桥梁"的国际中文日活动。中国驻韩国大使馆二等书记官高绍山，中韩研究学会会长方金花、副会长池龙日，以及韩国中文教育界的专家、学者和近百名中文爱好者参加了活动。本次活动内容丰富多样，包括经典中文诗歌朗诵、成语飞花令和中文书法展等项目，充分展现了中文的独特魅力，促进了中韩之间的文化交流与互鉴。

多国专家聚首马来西亚探讨中文教育与语言传承

据中国新闻网报道③，4月20日，马来西亚中文教育与语言传承学术研讨会在厦门大学马来西亚分校举办，同时举行了《全球华语语法·马来西亚卷》的推介仪式。来自中国、马来西亚、新加坡等国的专家学者齐聚一堂，围绕华文教育和华语研究等议题展开深入交流与探讨。研讨会筹委会主席、厦门大学马来西亚分校中文系主任王晓

---

① 李志伟:《"遇鉴汉字 和合共生"中文日主题活动在联合国举行》，人民网，http://world.people.com.cn/n1/2024/0421/c1002-40220254.html。
② 莽九晨:《"国际中文日"活动在韩国举行》，人民网，http://world.people.com.cn/n1/2024/0421/c1002-40220272.html。
③ 陈悦:《多国专家聚首马来西亚探讨中文教育与语言传承》，中国新闻网，https://www.chinanews.com.cn/hr/2024/04-21/10202819.shtml。

梅表示，此次研讨会旨在以中文为桥梁，深入研讨语言的传播与传承，进一步推动中马两国的语言文化交流。

全俄小学生中文秀莫斯科赛区选拔赛举行

据中国新闻网报道①，当地时间4月21日，"汉语桥"世界小学生中文秀暨第四届全俄小学生中文秀莫斯科赛区选拔赛在莫斯科市548学校礼堂顺利举行。本次比赛由中国驻俄罗斯联邦大使馆教育处主办，莫斯科市548学校和莫斯科国立语言大学孔子学院承办。来自莫斯科当地小学、孔子学院，伊万诺沃、雅罗斯拉夫尔、梁赞等地区的39位小学生参赛。参赛选手分为1—3年级组、4—5年级组两组，通过中文主题演讲、看图说话、中华文化技能三个环节展开激烈角逐。

"兰亭·雅集——汉字书法沙龙"在河内举行

据人民网报道②，4月20日，河内中国文化中心与越南外贸大学联合举办"兰亭·雅集——汉字书法沙龙"活动。河内中国文化中心主任陈运发、越南外贸大学中文系主任黎光创、越南作家阮有升、越南军事科学院中文系主任郭文斗等中越嘉宾，以及100余名越南高校学生代表出席了活动。活动现场，越南作家分享了中国古诗的越南语翻译心得，中国学者讲解了《兰亭集序》的文化内涵并展示了汉字书法技法，越南大学生还进行了中国古诗吟读和汉字毛笔书法比赛评奖等。活动现场气氛热烈，进一步加深了越南青年大学生对中华优秀传统文化的了解。

第三届葡萄牙"国际中文日"系列活动揭幕

据《人民日报》报道③，4月21日，庆祝中葡建交45周年、澳门回归25周年暨第三届葡萄牙"国际中文日"系列活动在葡萄牙莱里亚市拉开帷幕，约500名中葡各界人士参与。2024年"国际中文日"的主题为"中文：架起文明互鉴桥梁"。上海大学师生艺术团将在莱里亚、布拉加、里斯本三地开展巡演交流，带来精彩纷呈的民族音乐表演，展示中国文化的独特魅力。

---

① 《全俄小学生中文秀莫斯科赛区选拔赛举行》，中国新闻网，https://www.chinanews.com.cn/hr/2024/04-22/10203498.shtml。
② 杨晔：《"兰亭·雅集——汉字书法沙龙"在河内举行》，人民网，http://world.people.com.cn/n1/2024/0422/c1002-40220621.html。
③ 赵丹亮：《第三届葡萄牙"国际中文日"系列活动揭幕》，《人民日报》2024年4月23日。

地拉那大学孔子学院举办 2024 年"联合国中文日"活动

据新华网 4 月 25 日报道①，2024 年"联合国中文日"活动在阿尔巴尼亚地拉那大学成功举办，活动由地拉那大学孔子学院主办。本次活动以"中文：架起文明互鉴桥梁"为主题，共有 80 余名嘉宾参与。活动现场安排了古筝演奏、茶艺表演、书法体验和汉字游戏等丰富活动，吸引了众多来宾参与体验。

比利时列日孔子学院庆祝联合国中文日

据中国新闻网报道②，4 月 24 日，为庆祝联合国中文日，比利时列日孔子学院举办了一场古琴和昆曲音乐会。中国女子古琴昆曲组合"古侧和乐"应邀在列日孔子学院举行讲座和演出。在清雅的氛围中，他们带领观众领略了古琴和昆曲的独特韵味与情感表达，开启了一场别样的音乐之旅。

"拼音猜猜看"让国际中文日有了新玩法

据央视网报道③，4 月 16 日，中国教育部中外语言交流合作中心联合央视网共同推出了"中文星"线上活动，并在海外 TikTok 平台开发滤镜贴纸，发起了"拼音猜猜看"线上征集活动。海外网友通过社交媒体积极参与，将谷雨与中文的创意互动发展成一场全球年轻人的狂欢。此次活动进一步推动了中国文化的全球传播。

多伦多中华中文学校庆祝建校 40 周年 颁首届华文教育贡献奖

据中国新闻网报道④，5 月 5 日，多伦多中华中文学校在加拿大万锦市举行建校 40 周年庆典，并颁发首届华文教育贡献奖系列奖项。校董会主席严晓媚在致辞中表示，学校 40 年的成就离不开众人的辛勤付出，感谢董事会的全力支持、教职员工的无私奉献以及学生的不懈努力，并提到学校培养了许多杰出校友。她希望未来教职员工继续因材施教，投入更多爱心，为培养新一代社会精英而努力。

---

① 崇大海：《地拉那大学孔子学院举办 2024 年"联合国中文日"活动》，新华网，http://www.news.cn/world/20240423/405c3662eca44bcd987e721b1ff09131/c.html。
② 德永健：《比利时列日孔子学院举办古琴和昆曲音乐会庆祝联合国中文日》，中国新闻网，https://www.chinanews.com.cn/hr/2024/04-25/10205614.shtml。
③ 《打开外国人的"谷雨"印象，"拼音猜猜看"让国际中文日有了新玩法》，央视网，https://global.cctv.com/2024/04/26/ARTIOMYwQ4ud2WmgbjiFFbtZ240426.shtml。
④ 余瑞冬：《多伦多中华中文学校庆祝建校 40 周年 颁首届华文教育贡献奖》，中国新闻网，https://www.chinanews.com.cn/hr/2024/05-06/10211638.shtml。

泰国培训本土汉语教师助力中文教育发展

据新华丝路报道①，5月4日至5日，由泰国教育部民校教育委员会、泰国法政大学比里·帕侬荣国际学院及清迈大学孔子学院共同主办的"新数字时代下泰国本土汉语教师培训"活动在曼谷举行，吸引了泰国各地约180名本土中文教师参加。泰国教育部民校教育委员会副秘书长孔克里·赞卡宗表示，汉语是当今世界上极为重要的语言之一，泰国教育部因此制定了汉语教学促进政策，以提升汉语教师和学习者的汉语水平。

第23届"汉语桥"世界大学生中文比赛柬埔寨赛区决赛举行

据中国新闻网报道②，第23届"汉语桥"世界大学生中文比赛柬埔寨赛区决赛于5月11日在金边举行，柬华应用科技大学的高速纳获得冠军。中国驻柬埔寨大使馆公使衔参赞陈聪介绍，近年来，柬埔寨民众对中国文化的兴趣日益浓厚。柬埔寨已有3家孔子学院，第4家即将揭牌，中文教育也已纳入柬埔寨国民教育体系，柬埔寨国际学校基本开设了中文课程。"汉语桥"比赛为文化交流搭建了桥梁，希望柬埔寨青少年通过学习中文，深入了解中国的悠久历史、灿烂文明和发展机遇，成为柬埔寨建设者和中柬友谊的传承者。

第17届"汉语桥"世界中学生中文比赛澳大利亚新南威尔士州赛区比赛举办

据中国新闻网报道③，5月12日，第17届"汉语桥"世界中学生中文比赛澳大利亚新南威尔士州赛区比赛在悉尼举行。中国驻悉尼总领事馆代总领事王春生在致辞中高度赞扬了"汉语桥"比赛的重要意义。他指出，"汉语桥"不仅仅是一场比赛，更是一座通过语言学习增进国际友谊的桥梁，为全球青年提供了相互了解、尊重和学习的平台。他希望本次比赛能够激发更多年轻人学习中文的热情，推动中澳以及全球文化的交流与融合。

---

① 王腾：《泰国培训本土汉语教师助力中文教育发展》，新华丝路，https://www.imsilkroad.com/news/p/521505.html。
② 杨强：《第23届"汉语桥"比赛举行柬埔寨赛区决赛》，中国新闻网，https://www.chinanews.com.cn/hr/2024/05-11/10215357.shtml。
③ 顾时宏、王心怡：《第17届"汉语桥"世界中学生中文比赛澳大利亚新州赛区在悉尼举办》，中国新闻网，https://www.chinanews.com.cn/gj/2024/05-12/10215726.shtml。

第 23 届"汉语桥"世界大学生中文比赛埃及大区赛圆满落幕

据人民网报道①，5月12日，第23届"汉语桥"世界大学生中文比赛埃及大区赛暨"美的杯·汉语桥"中文比赛圆满落幕。中国驻埃及大使廖力强在致辞中指出，中文教学在埃及得到广泛推广并日益深入人心。2024年是中阿合作论坛成立20周年，也是中埃建立全面战略伙伴关系10周年。中方希望以即将在中国举办的中阿合作论坛第十届部长级会议为契机，与埃及及其他阿拉伯国家一起推进人文教育交流，进一步丰富中阿、中埃合作的内涵。

俄罗斯汉学热不断升温

据中国社会科学网微信公众号消息②，俄罗斯总统普京于5月16日至17日对中国进行国事访问。普京在接受专访时表示，俄中两国紧密相连，不仅因漫长边界，更因密切的文化联系与人员往来。当前，俄罗斯社会对中国文化艺术兴趣浓厚，约有9万名大中小学生学习中文。

韩国中文教育研究会成立

据中国新闻网报道③，5月18日，韩国中文教育研究会成立大会在首尔举行。中国驻韩国大使馆公使衔参赞艾宏歌出席并祝贺。他指出，韩国中文教育研究会的成立能够满足韩国中文爱好者的学习需求，促进中韩教育合作，增进两国人民的相互理解和民间友谊。

韩国中文教育研究会会长金铉哲表示，研究会将致力于团结韩国中文学术研究机构、中文教育机构以及高校和中小学教育工作者，开展理论研究和学术交流，推动韩国中文教育向高标准、高水平、高效率、高质量的方向发展。

孔子学院二十周年标识发布

据中国新闻网报道④，5月20日，中国国际中文教育基金会发布了孔子学院二十周

---

① 黄培昭：《第 23 届"汉语桥"世界大学生中文比赛埃及大区赛圆满落幕》，人民网，http://world.people.com.cn/n1/2024/0515/c1002-40236384.html。
② 《9万名学生学习中文！俄罗斯汉学热不断升温》，中国社会科学网微信公众号，https://mp.weixin.qq.com/s?__biz=MzA4NDUwMjMxNA==&mid=2650391695&idx=1&sn=ada16608249d29cf3f2eb9598955880a。
③ 刘旭：《韩国中文教育研究会在首尔成立》，中国新闻网，https://www.chinanews.com.cn/hr/2024/05-20/10220313.shtml。
④ 马帅莎：《孔子学院二十周年标识发布》，中国新闻网，https://www.chinanews.com.cn/hr/2024/05-20/10220285.shtml。

年标识，该标识为中央美术学院设计学院院长郝凝辉教授团队的公益设计。设计团队以"凝心聚力、多元共融、启幕未来"为理念，将汉字"孔"和数字"20"的视觉元素拆解并重构，形成了具象化、可感知的品牌标识。

标识由三个几何图形组成，其贴合关系象征中国绳结，寓意联结与融汇，体现了东方美学的现代诠释；左右圆形元素则抽象化为击掌动作，象征合作与共赢，彰显孔子学院中外伙伴共商共建共享的办学特色。标识主色调为红色，搭配红橙渐变，既代表中国节日庆典的喜庆，也体现孔子学院的青春与活力。这一标识诠释了孔子学院以语言为桥梁，通过文化交流促进民心相通的理念。

2024年首批赴泰国际中文教育志愿者抵达曼谷

据人民网报道[①]，5月19日，首批53名赴泰国际中文教育志愿者顺利抵达泰国。5月20日上午，泰国教育部职业教育委员会在曼谷举办欢迎会。中国驻泰国大使馆教育参赞许兰、泰国教育部职业教育委员会政策规划处处长班迪·欧曼等出席并致辞。泰国职业院校负责人及志愿者近百人参加。许兰表示，国际中文教育志愿者项目对提升泰国职业教育人才竞争力、促进中泰人文交流发挥了重要作用，鼓励志愿者成为中泰友好的民间使者。

《国际中文教师专业能力标准》葡语版发布

据新华网报道[②]，5月28日，《国际中文教师专业能力标准》葡语版发布会在葡萄牙里斯本大学举行，葡中双方教育界人士、在葡中文教师参加了发布会。

葡萄牙教育部学校建设总局中文项目负责人卢尔德斯·安德里诺表示，《国际中文教师专业能力标准》葡语版的发布将为葡萄牙学生打开更广阔的世界，激发他们学习中文的热情，并吸引更多人投身国际中文教育事业。

2024年全德中文学校联合总会年会落幕

据中国新闻网报道[③]，当地时间6月1日至2日，2024年全德中文学校联合总会年

---

① 孙广勇：《2024年首批赴泰国际中文教育志愿者抵达曼谷》，人民网，http://world.people.com.cn/n1/2024/0521/c1002-40240270.html。
② 赵丹亮：《〈国际中文教师专业能力标准〉葡语版在里斯本发布》，新华网，http://www.xinhuanet.com/20240529/decce7aa84444a20b2de739fad796da1/c.html。
③ 《2024年全德中文学校联合总会年会落幕》，中国新闻网，https://www.chinanews.com.cn/hr/2024/06-04/10228241.shtml。

会在法兰克福顺利举行。会议期间，与会代表研讨了学校建设和组织架构经验、德国华校现状及可持续发展展望、中文学校如何更好融入德国社会等议题，同时就筹备2025年第三届欧洲华文教育学术研讨会相关事宜进行了磋商。

白俄罗斯拟制订长期规划保障中文教学顺利开展

据新华社6月7日消息[①]，第17届"汉语桥"世界中学生中文比赛白俄罗斯赛区决赛在明斯克国立语言大学举行。白俄罗斯教育部副部长卡德鲁拜在颁奖典礼上指出，白俄罗斯有46所中学和12所高校开设中文专业课，56所中学将中文设为选修课。白俄罗斯国立大学还成立了白中民间文化对比研究室。白方正在制订到2030年的长期计划，以进一步推动中文教育发展。

2024"新汉学与文明交流互鉴"系列学术活动在匈牙利启幕

据中国新闻网报道[②]，当地时间6月8日，2024"新汉学与文明交流互鉴"系列学术活动在匈牙利布达佩斯开幕，吸引了亚洲、欧洲、美洲等地的70余位汉学家、学者及中文教育从业者。作为活动的一部分，"新汉学计划"欧洲地区青年学者圆桌会谈也于当天举行。活动分为人文与艺术、经济与社会、语言与教育三个组别开展平行讨论。30余名青年学者分享了各自的研究成果，并围绕全球化背景下国际中文本土教师的职业发展等议题展开深入探讨。

2024年"汉语桥"世界大中小学生中文比赛在阿联酋举行

据人民网报道[③]，6月8日，2024年"汉语桥"世界大中小学生中文比赛阿联酋赛区预决赛在扎耶德大学成功举办，共400余人出席了活动。经过紧张激烈的比拼，小学组、中学组和大学组的优秀选手脱颖而出，将代表阿联酋前往中国参加全球总决赛，与其他国家的选手交流学习。此外，比赛还设立了优秀指导教师奖和优秀组织奖，表彰在中文教育和文化交流中表现卓越的师生和学校。

---

① 鲁金博：《白俄罗斯教育官员说长期规划保障中文教学顺利开展》，海外网，https://news.haiwainet.cn/n/2024/0608/c3544276-32755770.html。
② 马秀秀：《2024"新汉学与文明交流互鉴"系列学术活动启幕》，中国新闻网，https://www.chinanews.com.cn/gj/2024/06-09/10231059.shtml。
③ 张志文：《2024年"汉语桥"中文比赛在阿联酋举行》，人民网，http://world.people.com.cn/n1/2024/0611/c1002-40254255.html。

柬埔寨王家农业大学孔子学院揭牌

据中国新闻网报道①，当地时间 6 月 10 日，由海南大学与柬埔寨王家农业大学合作共建的柬埔寨第四所孔子学院在金边举行揭牌仪式。柬埔寨王家农业大学校长吴文檀表示，孔子学院的成立对学校发展意义重大，期待柬埔寨王家农业大学与海南大学未来继续深化合作，将孔子学院打造成促进中柬两国文化和教育交流的重要桥梁。

第六期尼泊尔旅游人才汉语培训班开班

据新华网报道②，6 月 11 日，尼泊尔第六期旅游人才汉语培训班在首都加德满都开幕，共有 60 名学员参加为期 6 个月的培训。尼泊尔文化、旅游与民航部部长塔芒在开幕式上表示，中国是尼泊尔发展的"重要伙伴"，也是尼旅游业的重要客源市场。该部门计划吸引数百万中国游客赴尼旅游，因此需要大量会中文的导游提供服务。同时，塔芒强调，两国人民学习对方语言有助于增进彼此关系。

第 23 届"汉语桥"世界大学生中文比赛巴基斯坦赛区决赛圆满落幕

据北京语言大学新闻网消息③，当地时间 6 月 8 日，第 23 届"汉语桥"世界大学生中文比赛巴基斯坦赛区决赛在伊斯兰堡孔子学院圆满结束。本次比赛吸引了巴基斯坦各地 50 余名大学生报名。比赛采用线上线下结合的方式，分为初赛和决赛两个阶段。参赛者对伊斯兰堡孔子学院的公正赛事安排表示高度认可，并感谢学院对各地选手的支持。他们认为，"汉语桥"不仅有助于快速提升汉语水平，还能加深对中国文化的理解。

多项"中文+职业技能"教学资源在京发布

据中国新闻网报道④，6 月 22 日至 23 日，"新标准背景下'中文+职业技能'教育教学研讨会"在北京语言大学举办，并发布了多项相关教学资源。这些资源是根据中

---

① 杨强：《柬埔寨王家农业大学孔子学院揭牌》，中国新闻网，https://www.hi.chinanews.com.cn/hnnew/2024-06-12/705655.html。
② 易爱军：《第六期尼泊尔旅游人才汉语培训班开班》，新华网，https://www.news.cn/world/20240612/ec19345210434d17ad22905296a24164/c.html。
③ 《第 23 届"汉语桥"世界大学生中文比赛巴基斯坦赛区决赛圆满落幕》，北京语言大学新闻网，https://news.blcu.edu.cn/info/1034/26907.htm。
④ 《多项"中文+职业技能"教学资源在京发布》，中国新闻网，https://www.chinanews.com.cn/edu/2024/06-23/10239098.shtml。

国教育部中外语言交流合作中心发布的《职业中文能力等级标准》编纂而成，包括《职业中文教学大纲》和"新丝路'中文+职业技能'系列教材"。

《职业中文教学大纲》作为职业中文教育的指导性文件，按不同专业方向分别成册。"新丝路'中文+职业技能'系列教材"涵盖物流管理、汽车服务工程技术、电子商务、机电一体化、计算机网络技术、酒店管理和导游等七个专业，是《职业中文能力等级标准》发布后首套面向"双零基础"学员的教材。

第5届全日本大学生中文演讲比赛暨第23届"汉语桥"世界大学生中文比赛日本赛区决赛举行

据新华网报道①，6月22日，第5届全日本大学生中文演讲比赛暨第23届"汉语桥"世界大学生中文比赛日本赛区决赛在东京早稻田大学举办。来自日本各地的20名选手围绕"天下一家"主题展开精彩演讲，展现了对"求同存异""和衷共济""各美其美，美美与共"等中国文化理念的深刻理解和认同。比赛结束后，7名决赛选手还参加了知识问答和才艺展示环节，充分展现了日本大学生的中文学习成果和对中国文化的热爱。

第八届"你好中文"全澳吟诵朗读大会颁奖典礼在悉尼举行

据人民网报道②，6月23日，第八届"你好中文"全澳吟诵朗读大会年度总决赛暨颁奖典礼在悉尼举办。活动主题为"读最美中文，讲中国故事"，共有140名选手进入总决赛，其中近1/3是非华裔。中国驻悉尼总领事馆领事任双杰在颁奖典礼上致辞，称赞华人华侨作为澳大利亚多元文化社会的重要组成部分，在促进中澳经济、文化交流及民间交往中发挥了积极作用。他强调，语言是文化交流的桥梁，掌握中英文能够有效促进双方交流，增进彼此理解。

塔吉克斯坦掀起中文学习热

据新华网7月4日报道③，在塔吉克斯坦，在教育机构学习中文的人很多。以塔吉

---

① 胡晓格、杨智翔：《第5届全日本大学生中文演讲比赛暨第23届"汉语桥"世界大学生中文比赛日本赛区决赛举行》，新华网，http://www.xinhuanet.com/world/20240624/098fd02565ab41b1b4c707a112c75c80/c.html。
② 王珏：《第八届"你好中文"全澳吟诵朗读大会颁奖典礼在悉尼举行》，人民网，http://australia.people.com.cn/n1/2024/0624/c408038-40262855.html。
③ 江宥林、刘恺：《塔吉克斯坦掀起中文学习热》，新华网，http://www.news.cn/world/20240704/19da7127a2d94b1ab6accae28d375c33/c.html。

克斯坦民族大学孔子学院为例,自成立以来,已累计培养近 3.9 万名中文学习者。塔吉克斯坦冶金学院孔子学院中方院长任耕田指出,随着中塔关系的持续深化以及"一带一路"合作的不断推进,越来越多的塔吉克斯坦青年投身于中文学习,并从事与中国相关的工作,成为两国友好关系的建设者和受益者。

匈中双语学校孔子学院在布达佩斯揭牌

据新华网报道[①],7 月 3 日,匈中双语学校孔子学院在匈牙利首都布达佩斯正式揭牌,成为匈牙利第六所孔子学院。该学院由首都师范大学与匈中双语学校合作共建。匈中双语学校校长埃尔代伊·苏珊娜表示,孔子学院的揭牌为学校 20 周年系列庆祝活动画上了圆满句号。她强调,学校将继续致力于中文教学和中国文化传播,为推动匈中友好关系发展贡献力量。

印尼语版原创绘本中文课程发布

据人民网 7 月 11 日报道[②],"中国原创绘本少儿国际中文课程"印尼语版正式发布,并受到印尼学校老师和少儿读者的喜爱。该课程由广西师范大学开发,是依据少儿年龄特点与对应的中文教育需求,对标《国际中文教育中文水平等级标准》,面向母语非汉语的低龄儿童以及中文教师开发的全视域多模态中文教育课程资源。印尼玛琅国立大学孔子学院教师阿宁表示,该绘本为印尼儿童学习中文、了解中国文化提供了新的途径。

"百校项目"促"学中文"成阿联酋新风尚

据《中国教育报》7 月 18 日报道[③],2024 年是中阿建交 40 周年,"百校项目"在促进中阿人文交流、增进双方了解和友谊方面发挥了重要作用,成为"一带一路"共建国家中文教育的重要品牌。阿联酋已有 171 所学校开设中文课程,7.1 万名学生学习中文。在"百校项目"工作 5 年的张露丹表示:"语言是文化的桥梁,随着学生对中文的学习热情和水平不断提高,他们对中国文化的了解就会越深,就能更好地促进中阿文化交流。"

---

① 李学军、陈浩:《匈中双语学校孔子学院在布达佩斯揭牌》,新华网,http://www.news.cn/20240705/d1869cac49fa42999e515444d08f17ee/c.html。
② 张鹏禹:《印尼语版原创绘本中文课程发布》,人民网,http://ent.people.com.cn/n1/2024/0711/c1012-40275594.html。
③ 王若熙:《"百校项目"促"学中文"成阿联酋新风尚》,《中国教育报》2024 年 7 月 18 日。

欧洲华文教师职业发展中心揭牌

据中国新闻网 7 月 18 日报道①，欧洲华文教师职业发展中心揭牌仪式在意大利罗马中华语言学校举行。该中心由温州大学华侨学院与罗马中华语言学校合作成立，包括派遣、培训和考证三个中心，旨在发挥双方教育资源与教学优势，培养海外华文教师，深化中意教育与文化交流。

蒙古国首家中文学习测试中心揭牌

据《人民日报》报道②，8 月 1 日，蒙古国首家中文学习测试中心揭牌仪式在首都乌兰巴托举行，共 130 余名嘉宾出席仪式。中国教育部中外语言交流合作中心副主任静炜在致辞中表示，希望该测试中心在提供高质量、市场化的中文学习与考试服务等方面发挥示范作用，为推动中蒙教育交流以及扩大两国留学生规模做出更大贡献。

泰国中文教育精英教师高端培训举行

据人民网报道③，8 月 3 日，"经典教材与教学技术融合与应用——泰国中文教育精英教师高端培训"在泰国朱拉隆功大学孔子学院顺利举行。此次培训由泰国朱拉隆功大学孔子学院、泰国进步学院及北京语言大学出版社联合举办，吸引了泰国 100 余名各类学校中文部主任及骨干教师参加。

22 国华文教师到河南研习

据中国新闻网 8 月 7 日报道④，海外华文教育正在探索更多 "中文+" 模式。在河南举办的华文教师研习班上，来自法国、加拿大、马来西亚等 22 个国家的 80 位华文教师围绕海外华文教育趋势展开讨论。法国新龙文学校校长龙汝静表示，当前仅靠教授中文已难以满足学生需求，未来应拓展 "中文+非遗""中文+功夫" 等多元化的教学

---

① 《欧洲华文教师职业发展中心揭牌》，中国新闻网，https://www.chinanews.com.cn/hr/2024/07-18/10253264.shtml。
② 阿斯钢、苏力雅：《蒙古国首家中文学习测试中心在乌兰巴托揭牌》，《人民日报》2024 年 8 月 3 日。
③ 张矜若：《泰国中文教育精英教师高端培训在朱拉隆功大学孔子学院举行》，人民网，http://world.people.com.cn/n1/2024/0804/c1002-40292099.html。
④ 阚力：《22 国华文教师河南研习："中文+" 成海外华文教育新趋势》，中国新闻网，https://www.chinanews.com.cn/hr/2024/08-07/10264893.shtml。

模式，以丰富华文教育的内容和形式。

第 23 届"汉语桥"世界大学生中文比赛全球决赛启动

据中国新闻网报道①，8 月 19 日，第 23 届"汉语桥"世界大学生中文比赛全球决赛启动仪式在福建南平举行。比赛为期 21 天，形式多样，内容丰富，涵盖过桥赛、晋级赛和总决赛三轮。总决赛将于 9 月初在平潭举办，届时将决出全球总冠军、洲冠军、一二三等奖及单项奖。启动仪式后，选手们参加了第一场过桥赛，通过笔试回答 40 道单选题，涉及中国国情、地理、经济和文化等内容。

"中文+职业技能"为柬埔寨青年发展开辟新机遇

据新华网 8 月 20 日报道②，在中国教育部中外语言交流合作中心的支持下，柬华应用科技大学的 30 名学生前往南京工业职业技术大学，参加"中文+职业技能"研学项目。此次研学活动根据学生的专业背景，设置了"中文+电子商务"和"中文+物流"两组课程，并安排学生实地参观相关企业。南京工业职业技术大学校长、柬华应用科技大学中方理事长谢永华表示，作为中国首家"中文+职业技能"国际推广基地，学校将坚持以中文为根基、以技能为特色，帮助柬埔寨青年学生通过学习中文和职业技能，深入了解中国文化，掌握先进技术，为柬埔寨的发展和中柬友好关系贡献自己的力量。

《国际中文教育中文水平等级标准》实施三周年国际学术会议举行

据新华网 8 月 26 日报道③，《国际中文教育中文水平等级标准》实施三周年国际学术会议在韩国延世大学召开。近 400 名国际中文教育领域的专家学者齐聚一堂，围绕"深化标准体系建设，开拓国际中文教育暨 HSK 考试新局面"这一主题，分享国际中文教育经验。

"云课堂"助力海外中文教育优质资源共享

据《人民日报·海外版》9 月 2 日报道④，随着网络教学的普及，"网课""云课

---

① 闫旭：《第二十三届"汉语桥"世界大学生中文比赛全球决赛启动》，中国新闻网，http://www.chinanews.com.cn/edu/2024/08-20/10271627.shtml。
② 陈席元、王艺琳：《"中文+职业技能"为柬埔寨青年发展开辟新机遇》，新华网，http://www.js.xinhuanet.com/20240820/233e9ca76e5c4cdc91933983e67273ce/c.html。
③ 陆睿：《中文水平等级标准实施三周年国际学术会议在首尔举行》，新华网，http://www.news.cn/world/20240826/4c9d490917e344099fa9943873f1e157/c.html。
④ 徐令缘：《"云课堂"助力海外中文教育优质资源共享》，《人民日报·海外版》2024 年 9 月 2 日。

堂"成为许多学生的重要学习方式。海外华文学校作为传播中国语言文化的重要平台，积极开辟网络教学新路径。2024年夏天，中巴教育文化中心联合北京四中网校为巴基斯坦等地的华侨子女推出全新的网络课程；全美华裔青少年协会也通过网络平台积累教学经验。北京大学对外汉语教育学院副教授金舒年指出，与传统课堂相比，网络教学具有独特优势，能够实现异地教学，让国内优质师资与海外学生直接对接，显著提升了教学资源的适配灵活性。

"中文教学在伊朗"研讨会举行

据新华网9月6日报道①，"中文教学在伊朗"研讨会在伊朗首都德黑兰顺利举行。来自德黑兰大学、阿拉梅·塔巴塔巴伊大学、沙希德·贝赫什提大学以及伊朗语言中心等多所伊朗高校和文化研究机构的代表齐聚一堂，围绕伊朗中文教育的发展展开热烈讨论，并积极建言献策。

"'一带一路'倡议下国际中文教育高质量发展：方法、工具与实践研讨会"举办

据陕西网报道②，8月31日，"'一带一路'倡议下国际中文教育高质量发展：方法、工具与实践研讨会"在西京学院举行。来自国内外高校和研究机构的百余名专家学者参加了此次研讨会。会上，14位国际中文教育领域的学者做主旨演讲和学术报告，深入探讨了国际中文教育在新时代背景下的发展路径。

哈萨克斯坦举行首次《国际中文教师证书》考试

据中国新闻网报道③，9月21日，哈萨克斯坦首次《国际中文教师证书》考试笔试在阿拉木图顺利举行，共有11名考生报名参加。此次考试由中国教育部中外语言交流合作中心主办，阿里·法拉比哈萨克国立大学孔子学院承办。阿里·法拉比哈萨克国立大学孔子学院中方院长邓红指出，"中文热"在哈萨克斯坦持续升温。此次《国际中文教师证书》考试将有助于提升中文教师的理论水平、教学能力和综合素养，为海

---

① 沙达提、陈霄：《"中文教学在伊朗"研讨会在德黑兰举行》，新华网，http://www.news.cn/world/20240906/59626440fa7647bfbbd543e727862965/c.html。
② 郭诗梦：《"一带一路"倡议下国际中文教育高质量发展研讨会在西安举办》，陕西网，https://www.ishaanxi.com/c/2024/0906/3238912.shtml。
③ 单璐：《哈萨克斯坦举行首次〈国际中文教师证书〉考试》，中国新闻网，https://www.chinanews.com.cn/gj/2024/09-21/10289866.shtml。

外中文教育质量的提升提供有力保障。

阿根廷第四所孔子学院揭牌

据新华网报道①，10月9日，阿根廷国会大学孔子学院在阿根廷西部城市门多萨举行揭牌仪式。这是阿根廷的第四所孔子学院，由中国南京师范大学与阿根廷国会大学合作共建。中国驻阿根廷大使王卫在致辞中指出，2024年是中华人民共和国成立75周年，也是中阿全面战略伙伴关系建立10周年。阿根廷国会大学孔子学院的成立为两国深化友谊与合作开辟了新渠道，是践行全球文明倡议、促进文明交流互鉴的生动实践。

"国际中文教育"专栏项目年度总结交流会举行

据中国日报网报道②，10月9日，"国际中文教育"专栏项目年度总结交流会在广州召开。30家专栏期刊及相关期刊的主编参会，总结专栏建设经验，共商未来学术发展，助力国际中文教育高质量发展。暨南大学副校长张小欣指出，"国际中文教育"专栏项目是推动学科建设与提升科研影响力的关键举措，也是学术成果转化的重要平台。未来，学校将整合教学科研资源，发挥学科优势，促进华文教育与国际中文教育协同发展，进一步推动中外人文交流与民心相通。

埃塞俄比亚中文教育年会举行

据新华网报道③，11月1日，埃塞俄比亚中文教育年会在首都亚的斯亚贝巴召开。与会者就埃塞俄比亚高校中文专业发展、中文教育面临的挑战及应对策略、中文教育本土化等议题展开深入讨论。此次年会由中国驻埃塞俄比亚大使馆主办，亚的斯亚贝巴大学孔子学院和埃塞俄比亚联邦职业技术培训学院孔子学院承办。中国驻埃塞俄比亚大使馆工作人员、埃塞俄比亚政府官员、孔子学院教师以及本土中文教师等参加了活动。

---

① 蒋彪：《阿根廷第四所孔子学院揭牌》，新华网，https://www.news.cn/world/20241010/7b6c7141aefa4f1c97c1dc3aa3dadaf1/c.html。
② 李文芳、王牧星：《"国际中文教育"专栏项目年度总结交流会在广州举行》，中国日报网，https://gd.chinadaily.com.cn/a/202410/11/WS6708eae0a310b59111d9d7e5.html。
③ 刘方强：《埃塞俄比亚中文教育年会举行》，新华网，https://www.news.cn/world/20241102/f08f826dc27d4306bd5d13f6ef902122/c.html。

国际中文学习者和使用者累计已超过 2 亿人

据央广网报道①，11 月 14 日，教育部召开发布会，介绍 2024 年世界职业技术教育发展大会及职业教育情况。教育部国际合作与交流司副司长陈大立在会上阐述了我国职业教育国际合作的现状。陈大立指出，通过不断完善教育对外开放总体布局，统筹规划、重点推进，我国逐步形成了更全方位、更宽领域、更多层次、更加主动的教育对外开放局面，构建开放互鉴的国际合作体系，教育国际影响力大幅提高。

习近平向 2024 世界中文大会致贺信

据新华网报道②，11 月 15 日，国家主席习近平向 2024 世界中文大会致贺信，并祝贺孔子学院成立 20 周年。习近平指出，国际中文教育广受欢迎，彰显了开放包容的魅力，展现了互学互鉴的价值，体现着合作共赢的精神，凝结着中外人士共同的心血。希望世界中文大会坚持守正创新，加强联通融合，凝聚各方共识，努力搭建语言互通之桥、理解互信之桥、文明互鉴之桥，为携手构建人类命运共同体作出新的更大贡献。

第三届华文园地国际中文教育工作坊在雅加达举行

据中国新闻网 11 月 17 日报道③，第三届华文园地国际中文教育工作坊在印度尼西亚雅加达莱佛士教育集团举办，主题为"新形势下中文教学多元需求与发展"，吸引了众多当地国际中文教育从业者。莱佛士教育集团副总校长 Satyajee 在致辞中指出，人工智能技术正逐步融入国际中文教育领域，成为中文教师的有力助手，为教学带来了新的可能性。他呼吁一线教师结合自身实际，合理运用人工智能技术，推动中文教学向智能化、多元化和全球化方向发展。

2024 印尼大中学本土中文教师培训班开班

据中国新闻网报道④，2024 印尼大中学本土中文教师培训班于 12 月 2 日在雅加达

---

① 冯仪：《教育部：国际中文学习者和使用者累计已超过 2 亿人》，央广网，https://edu.cnr.cn/dj/20241114/t20241114_526975221.shtml。
② 《习近平向 2024 世界中文大会致贺信》，新华网，http://www.xinhuanet.com/politics/leaders/20241115/c07ac339927e49d88e0abf0e11116d93/c.html。
③ 李志全、徐裕琴：《第三届华文园地国际中文教育工作坊在雅加达举行》，中国新闻网，https://www.chinanews.com/hr/2024/11-17/10321091.shtml。
④ 李志全：《2024 印尼大中学本土中文教师培训班开班》，中国新闻网，https://www.chinanews.com.cn/hr/2024/12-02/10329312.shtml。

开班，为期三天。此次培训吸引了 60 余名来自印尼大学和中学的本土中文教师，标志着两国在中文教育合作方面的进一步深化。培训由中国教育部中外语言交流合作中心委托福建师范大学主办，印尼阿拉扎大学孔子学院承办，印尼闽南同乡会和印中商务理事会协办。其目的是帮助印尼本土教师更新教学理念，掌握先进教学方法，提升国际化水平。

海外华文教育发展大会暨华文教育工作研讨会在瑞安举行

据浙江在线报道[①]，12 月 12 日上午，2024 海外华文教育发展大会暨华文教育工作研讨会在温州瑞安开幕。来自全球 35 个国家的华校校长、教师代表，华文教育领域的专家学者、青年学者，海外侨领以及华文教育基地和华文媒体代表齐聚一堂，共商新时代华文教育发展大计。

第二届中国—东盟国际中文教育联盟研讨会举办

据中国新闻网 12 月 12 日报道[②]，第二届中国—东盟国际中文教育联盟研讨会在广西南宁举办。来自暨南大学、华侨大学、海南师范大学等高校的专家学者以线上线下相结合的方式参会。会议围绕国际中文教育的多个领域展开研讨，包括汉语本体研究、二语习得、中华文化传播和中文人才培养等。

第二届葡萄牙国际中文教育研讨会举行

据新华网报道[③]，第二届葡萄牙国际中文教育研讨会于 12 月 14 日在莱里亚理工学院闭幕。葡萄牙中部大马里尼亚市一所高中的校长塞萨里奥·席尔瓦指出，过去十年，该校有 200 余名学生选择中文作为外语课程。对他们而言，学习中文不仅是掌握一门语言，更重要的是通过中文这座桥梁接触中国文化，促进对文化多样性的理解和尊重。目前，葡萄牙已有 7 所中学开设了中文课程。

[①] 应忠彭、蒋峥、张智明：《海外华文教育发展大会暨研讨会在瑞安举行》，浙江在线，https://wz.zjol.com.cn/jrwz/202412/t20241212_30705520.shtml。

[②] 杨阳：《第二届中国—东盟国际中文教育联盟研讨会在南宁举办》，中国新闻网，http://www.gx.chinanews.com.cn/kjwt/2024-12-12/detail-ihekueyw6157904.shtml。

[③] 张柯：《第二届葡萄牙国际中文教育研讨会举行》，新华网，https://www.news.cn/world/20241215/62c5edfcd9fe46c6b419151fc060ba75/c.html。

2024 年"华文教育·华文教师"研习班结业

据中国新闻网报道①，12 月 20 日，2024 年"华文教育·华文教师"研习班结业仪式在广西师范大学育才校区国际教育交流中心顺利举行。来自澳大利亚等 10 个国家的 60 位华文教师参加了结业仪式。本次研习班由广西师范大学主办，为海外华文教师提供了提升专业素养、分享教学经验和交流互动的平台。未来，广西师范大学将继续发挥资源优势，与全球华文教师携手合作，推动海外华文教育的持续发展。

第三届国际中文教育专业博士生研讨会举行

据光明网报道②，12 月 21 日，第三届国际中文教育专业博士生研讨会在辽宁师范大学召开。本次研讨会由全国国际中文教育专业学位研究生教育指导委员会主办，辽宁师范大学承办，浙江师范大学协办。教育部中外语言交流合作中心副主任胡志平、辽宁师范大学校长罗文波出席开幕式并致辞。

---

① 欧惠兰、李欣玲、林思宏：《2024 年"华文教育·华文教师"研习班在广西师范大学结业》，中国新闻网，http://www.gx.chinanews.com.cn/kjwt/2024-12-21/detail-ihekymtp9477116.shtml。
② 《第三届国际中文教育专业博士生研讨会在辽宁师范大学举行》，光明网，https://www.gmw.cn/xueshu/2024-12/23/content_37754473.htm。

二　中国语言文化在海外

人工智能翻译助力网文出海

据《光明日报》1月6日报道①，中国网络文学海外用户已超1.5亿人，覆盖200余个国家和地区，但"出海"作品数量仍有限。翻译人才短缺是制约网络文学大规模传播的重要因素。近年来，人工智能技术为网文"出海"提供了新机遇。在第二届上海国际网络文学周发布的《2023中国网络文学出海趋势报告》显示，截至2023年10月，阅文集团旗下的起点国际已上线约3600部翻译作品，较三年前增长110%。借助人工智能，网文翻译效率提升近百倍，成本降低超九成。

中国春节文化走进约旦校园

据新华网报道②，约旦费城大学孔子学院联合安曼中国文化中心于1月16日在约旦费城大学举办"2024年中国春节进校园文化体验日"活动，吸引了300余名学生。学生们参与了吃饺子、赏茶艺、学习使用筷子，以及剪纸、书法、古筝弹奏等体现中国传统文化的活动。中国驻约旦大使馆文化参赞史未在致辞中表示，随着中国文化国际影响力的提升，春节正逐渐成为一个国际化的节日。他希望学生们通过这些互动体验活动，进一步加深对中国文化的了解。

菲律宾华文学校联合会成功举办诗词集体朗诵大赛

据中国侨网消息③，1月13日，由李荣美文教基金会赞助、菲律宾华文学校联合会主办的诗词集体朗诵比赛在菲律宾中正学院大礼堂举行。李荣美文教基金会副执行长李钟鸣、菲律宾华文学校体育总会创会会长陈著远及夫人谭群美、菲律宾华文学校联

---

① 刘江伟：《人工智能翻译助力网文"一键出海"》，《光明日报》2024年1月6日。
② 何奕萍：《中国春节文化走进约旦校园》，新华网，http://www.news.cn/world/20240117/20b3f06eac3d496ab81df394147a1f03/c.html。
③ 洪宾宾：《菲律宾华文学校联合会成功举办诗词集体朗诵大赛》，中国侨网，https://www.chinaqw.com/hwjy/2024/01-17/371207.shtml。

合会轮值主席林文诚等多位校长和校董出席了活动。

2024年"欢庆春节暨中越年俗文化交流体验活动"在越南河内举办

据人民网报道①，1月24日，2024年"欢庆春节暨中越年俗文化交流体验活动"在越南河内大学举行，共500余人出席了活动。活动现场举办了毛笔书法、中国画、剪纸、奥黛汉服秀、春卷、粽子、饺子、汤圆传统美食制作品尝以及歌舞表演等体验活动。这些活动吸引了中越两国师生积极参与，增进了他们对两国传统习俗的了解，增进了两国青年学子之间的友谊与相互理解。

《牛津英语词典》收录"中国龙"

据《文汇报》1月28日报道②，"Chinese dragon"（中国龙）首次被收录进英语世界权威词典——《牛津英语词典》。词典中"Chinese dragon"的条目内容完整，包括发音、词源、定义、书证等。该词条于2023年12月首次公布。此前，英语世界的传统品牌词典从未收录过"Chinese dragon"，仅在其他词条的释义或例证中零星提及。

《牛津高阶学习词典》首次收录 Lunar New Year

据语情局微信公众号2月29日消息③，龙年春节刚过，《牛津高阶学习词典》便发布了两个与"春节"相关的新增词条："Lunar New Year"和"Chinese New Year"。对于"Lunar New Year"，词典的释义较为宽泛，指的是亚洲某些国家（包括中国、马来西亚、朝鲜和韩国）历法中新的一年的开始。"Chinese New Year"的释义则相对狭窄，专指中国历法新年。

"汉字演变"主题展览在伦敦举行

据中国新闻网4月22日报道④，"汉字演变"主题展览在伦敦开幕。本次活动由中国驻英国大使馆主办，艺术与设计杂志社、中国文字博物馆、同济大学外国语学院、北京国际汉语研修学院联合承办。展览期间，观众可参与多项精彩活动：4月24日，

---

① 杨晔：《2024年"欢庆春节暨中越年俗文化交流体验活动"在越南河内举办》，人民网，http://m.people.cn/n4/2024/0124/c23-20935426.html。
② 曾泰元：《"中国龙"跃入〈牛津英语词典〉》，《文汇报》2024年1月28日。
③ 曾泰元：《〈牛津高阶学习词典〉首次收录 Lunar New Year》，语情局微信公众号，https://mp.weixin.qq.com/s/lR4A6QwBIaZ23tzQGUjyrg。
④ 彭欣怡：《"汉字演变"主题展览在伦敦举行》，中国新闻网，https://www.chinanews.com.cn/hr/2024/04-22/10203610.shtml。

中国国家画院篆刻专业老师将指导篆刻工作坊；4月27日，雷丁大学程训昌等主讲"中国多样化文字系统"讲座；4月28日，伦敦爱生德中医院院长柯松轩将举办关于中医与中国文化的讲座。

甲骨文艺术展在纽伦堡开幕

据中国新闻网4月24日报道①，"龟甲牛骨上的精灵——甲骨文艺术展"在纽伦堡-埃尔兰根孔子学院艺术空间开幕。展览展出了88件由70余个甲骨文衍生的艺术作品，吸引了众多中德嘉宾前来观赏。

这些作品由甲骨文专家、绘本专家和文字设计专家历时3年创作完成。专家们精心挑选了70余个与日常生活密切相关的甲骨文，涵盖天文地理、神与祖先、生命奇迹等主题。来自中央美术学院的10位青年艺术家，用各具特色的造型语言对甲骨文进行释义。

第八届"你好中文"全澳吟诵朗读比赛活动开幕

据中国新闻网报道②，5月19日，第八届"你好中文"全澳吟诵朗读比赛活动在悉尼格兰格莉晋文胜地开幕。澳华交流中心主席林晋文表示，"你好中文"全澳吟诵朗读大会为中澳学生搭建了一个展示才华、增进友谊的平台，让不同文化背景的学生在此相遇、交流，共同感受中文的魅力。通过这样的活动，两国青少年能够加深对彼此文化的理解，培养深厚友谊，为中澳友好关系注入新活力。

"毕昇印刷合作论坛·德鲁巴对话"举办

据《人民日报》报道③，5月31日，"毕昇印刷合作论坛·德鲁巴对话"在德国杜塞尔多夫举办，由中国印刷技术协会主办、德国杜塞尔多夫展览有限公司支持。本次论坛以"新机遇、新合作、新未来"为主题，180余名中外印刷行业企业家和专家学者齐聚一堂，共同探讨印刷文化、创新发展和合作机会。

---

① 《甲骨文艺术展在纽伦堡开幕》，中国新闻网，https://www.chinanews.com.cn/cul/2024/04-24/10205024.shtml。
② 顾时宏、王心怡：《"你好中文"吟诵朗读比赛活动澳大利亚悉尼开幕》，中国新闻网，https://www.chinanews.com/hr/2024/05-19/10219675.shtml。
③ 褚怡：《"毕昇印刷合作论坛·德鲁巴对话"在德国举办》，《人民日报》2024年6月2日。

中文广告"霸屏"欧洲杯

据新华网报道①，6月15日凌晨3时，2024年欧洲杯揭幕战正式打响。海信、比亚迪、蚂蚁集团、vivo、Alipay等五家中国企业作为欧洲杯官方合作伙伴亮相赛场，占据了13个最高级别赞助商席位中的5席，占比超过1/3，创下历史新高。这标志着中国企业的全球化业务影响力显著提升。

"倒车请注意"将推出多种语言版本

据中国日报双语新闻微信公众号6月19日消息②，中国制造的"三蹦子"（电动三轮车）走出国门，在海外短视频平台爆火。国产电动三轮车凭借低价、高质量和技术成熟等优势，在国际市场上具有很强的竞争力。企业通过开发新产品、改良现有产品、改进销售和服务政策，进一步增强了市场竞争力。此外，根据客户需求，车辆的提示音还可以定制为英语、法语、西班牙语等多种语言。

第四届法兰克福中国节举行

据中国新闻网报道③，8月2日至4日，第四届法兰克福中国节在德国法兰克福市举行，主题为"绿色发展、低碳生活和可持续未来"。活动吸引了众多当地民众和游客，为中德人文交流搭建了平台。中国驻法兰克福总领事馆副总领事伍鹏飞表示，中国的大门越开越大，欢迎各国朋友到中国走一走、看一看，亲身感受真实、温暖、充满烟火气的中国，沉浸式体验中华文明的独特魅力。

《黑神话：悟空》巧译中华文化受好评

据中国日报网8月23日报道④，中国国产单机游戏《黑神话：悟空》在全球掀起"西游热"，其巧妙的翻译引发业界热议。资深游戏玩家、翻译从业者侯娇娇表示，制

---

① 《中文广告"霸屏"欧洲杯》，新华网，http：//www.news.cn/tech/20240615/4be8a6cca6064dd38bcc69a52cda27ed/c.htm。
② 赵睿楠、史宝银、齐馨：《"三蹦子"火到国外，厂家称"倒车请注意"将推出多种语言版本》，中国日报双语新闻微信公众号，https：//mp.weixin.qq.com/s/jIxx_IZZRakffshxBIK0rA。
③ 刘赫：《第四届法兰克福中国节举行——展现中国文化魅力 促进文明交流互鉴》，中国新闻网，https：//www.chinanews.com.cn/cul/2024/08-06/10264388.shtml。
④ 《【中国那些事儿】国产游戏〈黑神话：悟空〉爆全球 中国文化"出海"绽放魅力》，中国日报网，https：//cn.chinadaily.com.cn/a/202408/23/WS66c8551fa310b35299d383bc.html。

作方将"悟空"翻译为"Wu Kong",而非"Monkey King",更能体现角色背后的中华文化内涵。重庆出版集团青少分社社长林郁也指出,拼音翻译能直接将中国文化概念传递给国际观众,例如"妖怪"不仅是一种生物,还承载着丰富的文化内涵。不过,她也强调,面向海外群体,游戏翻译不仅要注重直译,也要做好意译工作。

语言学术活动

2024 年，中国语言学术活动在继承与创新中蓬勃发展，不仅深化了国内语言学界的交流，也成为连接不同文化、推动国际学术交流的重要平台。这一年，语言学界紧密围绕国家重大发展战略，积极投身于中国对外话语体系的建设，致力于提升中文的国际地位和影响力。

推广国家通用语言文字与保护语言资源。自 2021 年起，教育部、国家语言文字工作委员会指导实施的"一地一策"政策在推广国家通用语言文字方面取得了显著成效。2024 年，这一政策继续深化，各地纷纷举办形式多样的学术活动，如"《语言文字应用》青年学者论学"、中国语言资源保护工程年度工作会议等，不仅促进了国家通用语言文字的普及，也加强了对地方方言和少数民族语言的保护与研究。《中国语言资源集·湖北》的出版，全面客观地反映了当今湖北方言的基本面貌，为语言资源的保护与传承提供了宝贵资料。

语言服务与翻译教育高质量发展。随着全球化的深入发展，语言服务在促进国际交流与合作中的作用日益凸显。"语言服务 40 人论坛 2023 年年会"暨"第六届京津冀翻译教育联盟论坛"围绕"人工智能时代的翻译教育与中国式现代化"展开研讨；全国语言服务研究学术研讨会、语言服务高级论坛等活动也为探索语言服务的新路径和新模式提供了交流与合作的平台。

语言学与相关学科交叉融合。"人工智能中的语义与哲学专题研讨会""2024 东北亚语言文化论坛"等活动，探讨了语言学与人工智能、哲学、跨文化交际等学科的交叉融合问题，为语言学的研究开辟了新的领域。此外，跨学科语言学研究国际研讨会以"跨界融合·创新未来"为主题，搭建了国际化的学术交流平台，促进了语言学研究的创新与发展。

随着人工智能、大数据等新技术的不断涌现，中国语言学术活动也开始向数字化、智能化方向发展。如中国自主的知识体系成果发布会发布了《中国英汉平行语料库研究》等多项重要学术成果，为语言学的研究与应用提供了新的工具和方法。

国际语言学术交流深化。2024 年，中国语言学术活动在国际舞台上的影响力不断提高。如"中文+职业技能"融合发展论坛、"国际政治语言学"学术论坛等活动，吸引了来自世界各地的专家学者参与，共同探讨中文教学、人工智能与语言文化的融合等问题。这些活动不仅展示了中国语言学研究的最新成果，也促进了国际的学术交流与合作。

一 国际会议

世界中文大会平行论坛"中文+职业技能"融合发展论坛在北京举办

据《人民日报·海外版》1月5日报道①,"中文+职业技能"融合发展论坛在北京举行。此次论坛围绕"中文+职业技能"教育的发展历程、路径选择、机遇与挑战等议题展开讨论,邀请了来自有关国家的教育主管部门负责人、中资企业代表以及中外院校专家学者分享经验。与会嘉宾指出,"中文+职业教育"模式创新了人才培养模式,拓展了中文教育的应用范围。

第七届国际中文教学研讨会举行

据中国新闻网报道②,8月10日,加拿大华文教育学会通过网络视频连线主办第七届国际中文教学研讨会。来自亚洲、北美洲、南美洲和大洋洲的80余位专家、学者及华文教师参会。本次研讨会议题广泛,涵盖中文教育与教学法研究、中华文化与语言融合、中文水平等级标准、移民社会双语并进课程、中文教材及其灵活运用、国际华文教学管理模式,以及人工智能在中文教学中的应用等。

2024东北亚语言文化论坛在大连举行

据中国新闻网报道③,2024东北亚语言文化论坛于8月24日至25日在辽宁大连举办。来自中国、俄罗斯、日本、韩国、蒙古国等国家的200余位嘉宾出席。论坛以"数智时代的东北亚语言与文化"为主题,专家学者围绕数智时代东北亚国家的语言与跨文化交际、语言与人工智能的融合、数字语言资源开发、语言文化国际传播等议题展开交流,并就应对数智时代语言文化交流合作的机遇与挑战提出建议。

---

① 周姝芸:《中文应用广 就业途径多》,《人民日报·海外版》2024年1月5日。
② 余瑞冬:《第七届国际中文教学研讨会举行 关注AI应用等议题》,中国新闻网,https://www.chinanews.com.cn/hr/2024/08-11/10267197.shtml。
③ 杨毅:《2024东北亚语言文化论坛在大连举行 推动数智技术与语言文化互融》,中国新闻网,https://www.chinanews.com.cn/sh/2024/08-25/10274490.shtml。

二语习得研究领域中外知名专家齐聚蓉城 分享数智时代前沿研究理论

据首屏新闻报道①，10月11日至13日，第八届中国二语习得研究高端论坛暨中国英汉语比较研究会二语习得专业委员会成立二十周年研讨会在成都举行。本次论坛由中国英汉语比较研究会二语习得研究专业委员会主办，电子科技大学外国语学院承办。来自中国、美国、英国等多个国家的知名专家和学者齐聚一堂，围绕数智时代二语习得的前沿理论以及数字智能在该领域的实践和发展问题展开讨论，共同探索中国二语习得研究的新发展蓝图。

2024跨学科语言学研究国际研讨会在京举行

据光明教育家报道②，12月21日，2024跨学科语言学研究国际研讨会（ISILR2024）在北京邮电大学北邮科技大厦举行。此次研讨会由中国国际科技促进会国际学术交流工作委员会和语言学研究论坛杂志社联合主办。会议以"跨界融合·创新未来"为主题，搭建了国际化的学术交流平台。通过主题演讲、学术汇报和论文展示等形式，深入探讨了跨学科语言学研究的最新进展和未来趋势，为语言学研究的创新发展注入了新活力。

---

① 陈淋：《二语习得研究领域中外知名专家齐聚蓉城 分享数智时代前沿研究理论》，首屏新闻，https://spzt.newssc.org/details.html?id=144071。
② 《2024跨学科语言学研究国际研讨会（ISILR2024）在京举行》，光明教育家，https://jyj.gmw.cn/2024-12/26/content_37760578.htm。

二 全国性会议

第三期"《语言文字应用》青年学者论学"在北京大学举行

据中国教育新闻网报道①，3月30日至31日，第三期"《语言文字应用》青年学者论学"活动在北京大学成功举办。本期活动主题为"语言融合研究与通用语言普及"，吸引了来自全国各地的50余位青年学者参加。北京大学党委副书记姜国华在致辞中指出，国家通用语言文字不仅是重要的交际工具，也是文明传承的重要载体，在增强中华民族共同体意识方面发挥着关键作用。他希望青年学者们在此次活动中能够继往开来、守正创新，不负众望。

第二十三届中国计算语言学大会在山西大学召开

据《山西晚报》8月5日报道②，第二十三届中国计算语言学大会在山西大学举行，由中国中文信息学会计算语言学专业委员会主办，山西大学承办。700余位国内外专家学者参会。山西大学党委书记王仰麟对与会者表示热烈欢迎，他指出，计算语言学是人工智能的关键领域，近年来，山西大学将计算机学科列为重点发展学科，不断加强人工智能领域的科研和人才培养，积极推动人工智能与其他学科的交叉融合与创新发展。

"汉字信息处理系统工程"50周年纪念座谈会举办

据中国青年网9月3日报道③，"汉字信息处理系统工程"（"748工程"）50周年纪念座谈会在北京大学英杰交流中心举行。参与"748工程"的老领导、老同志及相关行业领导、专家、校友分别发言，深情回顾了"748工程"的光辉历程和中文信息

---

① 董鲁皖龙：《第三期"〈语言文字应用〉青年学者论学"在北京大学举行》，中国教育新闻网，http://www.jyb.cn/rmtzcg/xwy/wzxw/202404/t20240402_2111176228.html。
② 田晓瑛：《第二十三届中国计算语言学大会在山西大学召开》，《山西晚报》2024年8月5日。
③ 杨月：《"汉字信息处理系统工程"50周年纪念座谈会：赓续精神，再立新功》，中国青年网，https://news.youth.cn/gn/202409/t20240903_15492782.htm。

处理技术的历史性跨越。大家表示，站在新时代起点，面对媒体融合发展，将汲取"748 工程"经验，弘扬自主创新精神，为国家科技自立自强、培养科技创新人才、推动中国式现代化贡献力量。

中国英汉语比较研究会 2024 年度全国语言服务研究学术研讨会在澄迈举行

据中国网报道①，11 月 15 日至 17 日，中国英汉语比较研究会 2024 年度全国语言服务研究学术研讨会在澄迈召开。来自国内 57 所院校的百余位语言服务与翻译研究领域的专家学者参加了此次会议。会议聚焦国际语言服务的学科建设、产业发展和人才培养，探讨行业发展的重点与难点，旨在为海南自贸港和国家语言服务行业的高质量发展提供支持。

第九届语言服务高级论坛在广州大学举行

据羊城派 12 月 7 日报道②，第九届语言服务高级论坛暨第三届粤港澳语言生活研究青年论坛在广州大学举办。论坛以"中国式现代化进程中的语言服务"为主题，有 33 个大会报告和四场分论坛的 40 余个专题报告。与会学者围绕语言服务、数字中国、教育强国建设和大湾区发展等议题，展开了跨学科、跨区域、跨校企的深入探讨。

---

① 《中国英汉语比较研究会 2024 年度全国语言服务研究学术研讨会在海南澄迈成功举行》，中国网，https://szjj.china.com.cn/2024-11/18/content_42966016.html。
② 陈亮：《构建高质量语言服务体系，第九届语言服务高级论坛在广大举行》，羊城派，https://6nis.ycwb.com/app/template/displayTemplate/news/newsDetail/120138/53105813.html？isShare=true。

三 区域性会议

第六届京津冀翻译教育联盟论坛在北京举行

据央广网报道①,1月13日至14日,"语言服务40人论坛2023年年会"暨"第六届京津冀翻译教育联盟论坛"在北京举办,共150余人参会。此次论坛聚焦"人工智能时代的翻译教育与中国式现代化",邀请了相关行业的专家学者,共同探讨语言服务与翻译教育的高质量发展。

"何以中国"甲骨文学术研讨会在郑州举行

据《郑州日报》报道②,1月26日,"何以中国"甲骨文学术研讨会在郑州商都遗址博物院举行。此次研讨会由郑州市社会科学界联合会、郑州市文物局指导,郑州商都遗址博物院和郑州甲骨文学会联合主办。来自省会高校和科研机构的代表、专家学者、甲骨文爱好者以及全国各地的甲骨文研究人员齐聚一堂,共同探讨甲骨文学科与行业的新发展,致力于推动甲骨文的普及传播和活化利用,携手打造甲骨文化高地。

2024年度蒙古语文新词术语翻译专家审定会议在乌兰察布市举办

据《乌兰察布日报》报道③,7月4日,2024年度蒙古语文新词术语翻译专家审定会议在乌兰察布市举办,由中国民族语文翻译中心(局)和内蒙古自治区民族事务委员会联合主办。会议集中审定了150条时政类新词术语,内容涵盖2024年全国两会文件、重要文献、法律法规、党纪学习材料以及社会各领域出现的新词术语。会后,内蒙古自治区民族事务委员会将以国家通用语言文字与民族语言文字对照公报形式发布所审定的新词术语。

---

① 庞婷:《第六届京津冀翻译教育联盟论坛在北京举行》,央广网,https://www.cnr.cn/bj/oiem/20240115/t20240115_526558527.shtml。
② 左丽慧:《"何以中国"甲骨文研讨会在郑举行》,《郑州日报》2024年1月27日。
③ 赛娜:《2024年度蒙古语文新词术语翻译专家审定会议在乌兰察布市举办》,《乌兰察布日报》2024年7月5日。

外交学院举办首届"国际政治语言学"学术论坛

据外交学院官网消息①，7月5日，首届"国际政治语言学"学术论坛在外交学院举行。本次论坛由外交学院主办，聚焦语言、话语、叙事与国际话语权，旨在加强对外话语体系和国际传播能力建设，构建与中国综合国力和国际地位相匹配的国际话语权。论坛围绕国际政治语言学理论与实践、语言战略、语言治理与语言形象等议题展开深入探讨。

人工智能中的语义与哲学专题研讨会暨第三届"语义与哲学"专题论坛举办

据人民网报道②，8月10日至12日，人工智能中的语义与哲学专题研讨会暨第三届"语义与哲学"专题论坛在贵阳召开。在主旨报告环节，10位专家依次发言，围绕人工智能语言的语义与哲学问题、语言文化经典著作的语义哲学问题以及语义前沿问题展开讨论，共同探讨了语义与哲学面临的机遇和挑战、语义学在人工智能领域的最新发展，以及这些技术革新如何深刻影响并重塑人们对哲学问题的思考方式。

语言、文学艺术与"非遗"研讨会成果丰硕

据广西新闻网报道③，12月7日，新时代中国（广西）语言、文学艺术与"非遗"研讨会暨广西语言文学学会2024年年会在南宁师范大学明秀校区召开。本次会议由广西语言文学学会联合南宁师范大学主办，南宁师范大学文学院、广西师范大学文学院、桂林学院人文学院共同承办。

---

① 《外交学院举办首届"国际政治语言学"学术论坛》，外交学院官网，https://www.cfau.edu.cn/col2982/col2986/c6a7c931a45444678bd0b446c885b26f.htm。
② 《人工智能中的语义与哲学专题研讨会暨第三届"语义与哲学"专题论坛在贵阳举办》，人民网，http://gz.people.com.cn/n2/2024/0814/c358160-40943695.html。
③ 卢锡婵、范池柳、张春燕：《语言、文学艺术与"非遗"，这场学术研讨会成果丰硕》，广西新闻网，https://www.gxnews.com.cn/staticpages/20241212/newgx675a71f5-21701763.shtml。

图书在版编目(CIP)数据

中国语情年报.2024 / 赫琳主编.--北京：社会科学文献出版社,2025.6.--(中国语情档案丛书).
ISBN 978-7-5228-5502-8

Ⅰ.H1-54

中国国家版本馆CIP数据核字第20253YN531号

中国语情档案丛书
中国语情年报（2024）

主　　编 / 赫　琳

出 版 人 / 冀祥德
责任编辑 / 赵晶华
文稿编辑 / 李铁龙
责任印制 / 岳　阳

出　　版 / 社会科学文献出版社·文化传媒分社（010）59367156
　　　　　 地址：北京市北三环中路甲29号院华龙大厦　邮编：100029
　　　　　 网址：www.ssap.com.cn
发　　行 / 社会科学文献出版社（010）59367028
印　　装 / 三河市东方印刷有限公司

规　　格 / 开　本：787mm×1092mm　1/16
　　　　　 印　张：12.5　字　数：229千字
版　　次 / 2025年6月第1版　2025年6月第1次印刷
书　　号 / ISBN 978-7-5228-5502-8
定　　价 / 98.00元

读者服务电话：4008918866

版权所有 翻印必究